W0366256

Sascha Friesike

Oliver Gassmann

Kreativcode

Die sieben Schlüssel für persönliche und berufliche Kreativität

Sascha Friesike

Oliver Gassmann

KREATIVCODE

Die sieben Schlüssel für persönliche und berufliche Kreativität

HANSER

MIX
Papier aus verantwortungsvollen Quellen
FSC® C014889
www.fsc.org

Bibliografische Information der Deutschen Nationalbibliothek
Die Deutsche Nationalbibliothek verzeichnet diese Publikation in der Deutschen Nationalbibliografie; detaillierte bibliografische Daten sind im Internet über http://dnb.d-nb.de abrufbar.

Dieses Werk ist urheberrechtlich geschützt.
Alle Rechte, auch die der Übersetzung, des Nachdruckes und der Vervielfältigung des Buches oder von Teilen daraus, vorbehalten. Kein Teil des Werkes darf ohne schriftliche Genehmigung des Verlages in irgendeiner Form (Fotokopie, Mikrofilm oder ein anderes Verfahren), auch nicht für Zwecke der Unterrichtsgestaltung – mit Ausnahme der in den §§ 53, 54 URG genannten Sonderfälle –, reproduziert oder unter Verwendung elektronischer Systeme verarbeitet, vervielfältigt oder verbreitet werden.

1 2 3 4 5 19 18 17 16 15

© 2015 Carl Hanser Verlag München
www.hanser-fachbuch.de
Lektorat: Lisa Hoffmann-Bäuml
Satz: Sascha Friesike
Umschlaggestaltung und Motiv: Constanze Feige
Illustrationen: Constanze Feige
Herstellung: Thomas Gerhardy
Druck und Bindung: Friedrich Pustet, Regensburg
Printed in Germany
ISBN 978-3-446-44557-4
E-Book ISBN: 978-3-446-44610-6

INHALT

VORWORT

Wir leben in einer Welt, in der die Fähigkeit, sich selbst aus Problemen zu befreien, Gedanken neu zu kombinieren und Ideen zu entwickeln, immer wichtiger wird. Noch nie zuvor war diese Fähigkeit so wesentlich, so essenziell für den Einzelnen, wie auch für uns als Gesellschaft. Vorbei ist die Zeit von Lebensmodellen, in denen man einer Ausbildung nachging und anschließend bis zum Ruhestand ein und denselben Beruf ausübte. In unserem dynamischen Heute sind wir gezwungen, immer wieder neue Wege einzuschlagen oder gar selbst Trampelpfade zu schaffen. Auf Probleme mit neuen Ideen zu antworten, statt wieder und wieder das Gleiche zu tun, ist daher elementarer Bestandteil unseres Lebens geworden. Wir sind in einer Welt zuhause, in der wir für uns selbst Kreativität entwickeln müssen. Nur so können wir den neuen Herausforderungen, die täglich auf uns warten, etwas entgegensetzen. Die gute Nachricht gleich vorweg: Der *Kreativcode* ist kein besonderes Gen, keine angeborene Fähigkeit, die nur wenige von uns besitzen und die den anderen vorenthalten wurde. Wir alle tragen den *Kreativcode* in uns. Nur lassen wir unsere Kreativität zu oft verkommen, bis sie, unterdrückt durch Schulen, Normen, Werte, Universitäten und Unternehmenskulturen irgendwann gänzlich eingegangen ist. Heute wissen wir, dass eigene Lösungen zu entwickeln zwar in unser Ausbildung viel zu selten gefördert wird, anschließend aber ein wesentlicher Bestandteil unseres Lebens ist. Wer nicht versucht neue Lösungen für Probleme zu entwickeln, läuft Gefahr, bald selbst zu einem Problem zu werden. Und so müssen wir lernen, unseren eigenen *Kreativcode* zu entschlüsseln. Kreativität ist scheinbar von einer mystischen Aura umgeben. Unser Wissen zu dem Thema ist kleinteilig und daher schwer greifbar. Gleichzeitig gibt es eine Vielzahl an Studien und etablierten Konzepten, doch die Wenigsten von uns haben die Muße, sich da durchzuarbeiten. Das muss man auch gar nicht, denn unsere Kreativität lässt sich auf sieben grundlegende Eigenschaften reduzieren, die den *Kreativcode* bilden. Wo alle sieben zusammenkommen, haben wir die Fähigkeit wirklich Neues zu schaffen. Alle sieben Eigenschaften lassen sich von jedem erlernen, denn sie sind keine außergewöhnlichen Fähigkeiten. Jeder kann seinen ganz eigenen *Kreativcode* entschlüsseln:

K WIE KÜNSTLER:

Die erste Eigenschaft, um Kreatives zu schaffen, ist sich als jemanden zu verstehen, der vorgegebene Pfade verlässt und die eigene schöpferische Ader aktiviert.

R WIE REBELL:

Kreative Lösungen stellen den Status quo in Frage. Das ist unangenehm und oft harzig. Doch nur wer sich traut, auch mal gegen den Strom zu schwimmen und Bestehendes in Frage zu stellen, kann wirklich kreativ sein.

E WIE ENTHUSIAST:

Inspiration ist die Grundlage aller neuen Dinge. Sie ist der Funke, der das Feuer einer Idee entzündet. Man muss sich begeistern können, Enthusiast sein, um Neues zu entdecken und Inspirationen zu sammeln.

A WIE ASKET:

In unserer Welt von Überangebot und Sortenvielfalt ist kaum etwas so zerstörerisch für den kreativen Prozess, wie unbegrenzte Mittel. Nur wer sich bewusst einschränken kann, erlebt, wie sich die wenigen wesentlichen Dinge von den vielen unwesentlichen trennen lassen.

T WIE TRÄUMER:

Es ist viel leichter den Bedenkenträger zu spielen als große Visionen zu entwickeln. Und so haben wir in unserer Gesellschaft eine Vielzahl an Leuten herangezogen, die grundsätzlich zweifeln. Nur wer sich traut zu träumen, kann irgendwann auch Neuland betreten.

I WIE IMITATOR:

Es gibt kaum einen einzigartigen Gedanken. Die Welt besteht nicht aus Dingen, die sich jemand spontan ausgedacht hat, sondern auf Weiterentwicklungen des bereits Bestehenden. Kreative, reflektierte Nachahmung ist eine häufig unterschätzte Quelle unserer Kreativität. Man muss nicht bei null anfangen, nein, man darf nicht bei null anfangen.

V WIE VIRTUOSE:

Wir alle wissen, dass noch kein Meister vom Himmel gefallen ist. Und auch keiner, der als kreativer Kopf gefeiert wird, wird sagen, dass alles ohne Fleiß ging. Wie vieles im Leben, so ist auch Kreativität mit harter Arbeit verbunden. Ausdauer, Beharrlichkeit und ein starker Wille sind stets die Grundlagen kreativer Lösungen.

Kreativität bedeutet immer zu assoziieren und Dinge zusammenzubringen, die vorher nicht zusammengehört haben. Mit dem *Kreativcode* möchten wir den Leser inspirieren, einen eigenen Weg der Kreativität zu gehen. Wie dieser aussieht, wissen wir nicht, und würden wir ihn vorschreiben, wäre er nicht mehr kreativ. Und so bleibt uns vorerst nicht mehr, als zu hoffen, dass sich dieses Buch als wichtig erweisen wird.

Sascha Friesike
Oliver Gassmann

K WIE KÜNSTLER

Nimmer ist es nur ein leerer Wahn,
Der das Schöne in der Kunst belebt,
Denn die Kunst ist eine Himmelsbahn,
Drauf der Künstler siegreich vorwärts strebt.
Kunst ist Gottesdienst, ist gottgestaltet,
Und auf daß ihr Werk es nie verhehle,
Wer lebendig in ihr wirkt und waltet:
Lebt ein Gott in jedes Künstlers Seele.

Carl Preser *(1828 – 1910)*

»Wenn auch nicht alle Künstler Schachspieler sind, so sind doch alle Schachspieler Künstler.«
— Marcel Duchamp

Spätestens seit Duchamps erstem Readymade von 1913 wissen wir, dass alles Kunst sein kann. Kunst ist weniger ein konkreter Ausschnitt der Welt, als eine Sichtweise auf eben diese. Wer sein Schaffen nicht als uninspirierte Handlung, sondern als Kunstwerk begreift, gewinnt neue Einblicke. Zu sehen, wie ein Künstler sieht, und Dinge zu schaffen, die nicht bloße, plumpe Ergebnisse, sondern Erlebnisse sind, sollte kreatives Tun leiten. Kunst wird nicht von Künstlern gemacht, sondern Künstler sind all die, die Kunst machen. Kunst ist weniger eine Frage der Aufgabenstellung als eine Frage des Anspruches an die eigene Ausführung. An ebendiesem Anspruch zu arbeiten, bringt oft mehr, als die Aufgabe an sich in Frage zu stellen. Kreativität ist daher nicht nur Können, sondern stets auch Wollen.

Das William-Faulkner-Zitat »In writing you must kill your darlings« ist unter Künstlern zu einem geflügelten Wort geworden, gern auch als »Kill your Darlings« oder nur »KYD«. Dahinter steht die Überzeugung, dass wir uns nicht selten von unseren besten Ideen lösen müssen, um Arbeiten zu einem gelungenen Abschluss zu bringen. Die Fähigkeit, sich von Ideen wieder trennen zu können, wird bei Betrachtungen von Kreativität gern vernachlässigt. Wir werden dazu angehalten, neue Ideen zu entwicklen, nicht jedoch dazu, diese irgendwann auch wieder fallen zu lassen. Und so laufen wir Gefahr, vor lauter guter Ideen den Fokus zu verlieren. Walt Disney, der für seine Kreativität und Vision bekannt ist, war ein Meister darin, Ideen sowohl zu sammeln als sie auch wieder zu streichen. Er nutzte dafür einen dreistufigen Prozess, in dem Ideen erst erarbeitet wurden, in einem zweiten Schritt konzentriert und gruppiert wurden und in einem dritten rigoros aussortiert wurden. Der zweite Schritt diente ihm vor allem dazu, das Streichen nicht zu persönlicher Kritik werden zu lassen.

„DIE MÄCHTIGSTE ALLER MUSEN IST UNSER INNERES KIND.“
– STEPHAN NACHMANOVITCH

In »Orbiting the Giant Hairball« erzählt Gordon MacKenzie folgende Geschichte: Wenn man in einen Kindergarten geht und fragt, wer malen kann, so meldet sich fast jedes Kind. Besucht man die gleichen Menschen 20 Jahre später und stellt ihnen die gleiche Frage, so meldet sich kaum noch jemand. Die Menschen haben nicht die Fähigkeit verloren zu malen, sie haben vielmehr ihr *inneres Kind* eingesperrt. In jedem von uns steckt ein *inneres Kind,* steckt die Freude am Spielen, am Basteln und am Zeichnen. Wir müssen nur beherzt genug sein, dieses Kind freizulassen und auch in den steiferen Situationen unseres Alltages den Mut aufbringen, es einfach mal spielen zu lassen. Der Regisseur Guillermo del Toro sagte über seinen Science Fiction Film »Pacific Rim«, dass der Elfjährige in ihm ihn unbedingt machen wollte. Es sollten sich mehr Elfjährige in uns durchsetzen.

Jedes Gemälde besteht aus zwei Prozessen. In einem steht der Maler dicht vor der Leinwand und arbeitet an Details. Er ist konzentriert auf die kleinen Elemente, malt feine Linien und subtile Lichtreflexe. Zum anderen ist da der Prozess des Betrachtens. Der Maler geht mehrere Schritte zurück und gewinnt Distanz, betrachtet nicht mehr die Details, sondern das Bild als Ganzes. Es geht um die Wirkung, die Aura des Gemalten, darum, zu fragen, was eigentlich gemalt werden soll. Kreative Prozesse haben immer eine Mikro- und eine Makroperspektive. Die schönsten Details setzen sich nicht automatisch zu einem gelungenen Bild zusammen und die besten Formulierungen erzeugen nicht von Wunderhand einen spannenden Roman. Der kreative Prozess erfordert immer einen Wechsel der Perspektiven. Und auch wenn die Arbeiten an Details einem mehr zusagen, so verlieren diese an Wert, wenn man nicht oft genug Distanz gewinnt, um das große Ganze zu beurteilen. Erst wenn wir gelernt haben, auch Gesamtstrukturen zu entwerfen, können sich kreative Details voll und ganz entfalten.

ERST MIT ETWAS ABSTAND WURDE IHM KLAR, WAS ER DA EIGENTLICH GEMALT HATTE.

It's a Match!
You and yourself have liked each other.

Ein *Artist Date* ist eine Verabredung, die man mit sich selbst eingeht. In regelmäßigen Abständen suchen Kreative so nach neuen Inspirationen. Die einzige Regel, die dabei gilt, ist, dass man niemanden mitnehmen darf. Man führt also sich selbst und nur sich selbst aus. So besucht man etwa ein Museum und nimmt das Gezeigte ungefiltert und ohne die Wahrnehmung einer anderen Person auf. In Begleitung verhält man sich anders, sucht Kompromisse, überspringt in einem Museum einzelne Räume, die die Begleitung nicht interessieren oder macht Pausen, wenn andere Pausen brauchen. In Begleitung findet man auch nicht die nötige Ruhe, um ausgiebig zu reflektieren oder ein einzelnes Exponat eine Weile anzuschauen. Wohin man sich auf ein Artist Date ausführt, ist jedem selbst überlassen. Unterschiedliche Menschen finden Inspiration in unterschiedlichen Dingen (Konzert, Berggipfel, Zirkus, Spaziergang, Galerie, Bibliothek ...). Wichtig ist nur, dass man sich die Zeit dafür nimmt, sich selbst auszuführen.

ANALOG SELFIE

Wenn wir die Evolutionsgeschichte des Menschen als Ganzes betrachten, so hielt der Computer erst im letzten Augenzwinkern Einzug in das menschliche Schaffen. Heute ist der Rechner unser Standardwerkzeug zum Lösen der meisten Probleme. Dabei geht die Haptik und der direkte Bezug zum zu bearbeitenden Objekt verloren. Bei Excel-Listen mag das kein Problem sein, doch das gescheiterte Projekt des papierlosen Büros zeigt, wie sehr wir Menschen am Physischen hängen. Gerade bei kreativen Aufgaben lohnt es sich analog zu beginnen, mit einer Zeichnung, einer Skizze, einem Pappmodell oder Gedanken auf einer Tafel. In Kreativitätsworkshops sitzen regelmäßig gestandene Manager, die voller Begeisterung Modelle aus Knete, Karton und anderen Bastelutensilien zusammenbauen. Fünfzig Euro in einem Laden für Künstlerbedarf zu lassen hat oft einen größeren Effekt auf das nächste Teammeeting als die Buchung eines teuren Konferenzhotels.

IM NACHHINEIN WAR ER MIT DER
WAHL SEINER WAFFE DOCH UNZUFRIEDEN.

Die Komplexität eines Problemlösungssystems muss stets der Komplexität des Problemsystems entsprechen. Dieser Satz, bekannt als »Gesetz von Ashby«, gilt im Besonderen für kreative Tätigkeiten. Denn hier ist die Form des Ergebnisses zu Beginn normalerweise nicht vollends bekannt. Die Wahl eines Lösungssystems, also dem Werkzeug, mit dem wir arbeiten, hat dabei nicht nur eine Auswirkung auf die Darstellung des Ergebnisses, sondern auch auf unser Denken während des Prozesses. So verlieren wir mit Systemen wie PowerPoint den analytischen Tiefgang, da wir nicht in der Lage sind, komplizierte Gedanken auszudrücken. Where is the power? Where is the point? Wir laufen Gefahr, die Wahrheit derart modellhaft zu verfremden, dass wir sie als Folie darstellen können. Es hilft, auch während des Prozesses die Wahl des Lösungssystems zu hinterfragen. Manchmal ist eine Grafik sinnvoller als ein Text und manchmal ist es eben umgekehrt.

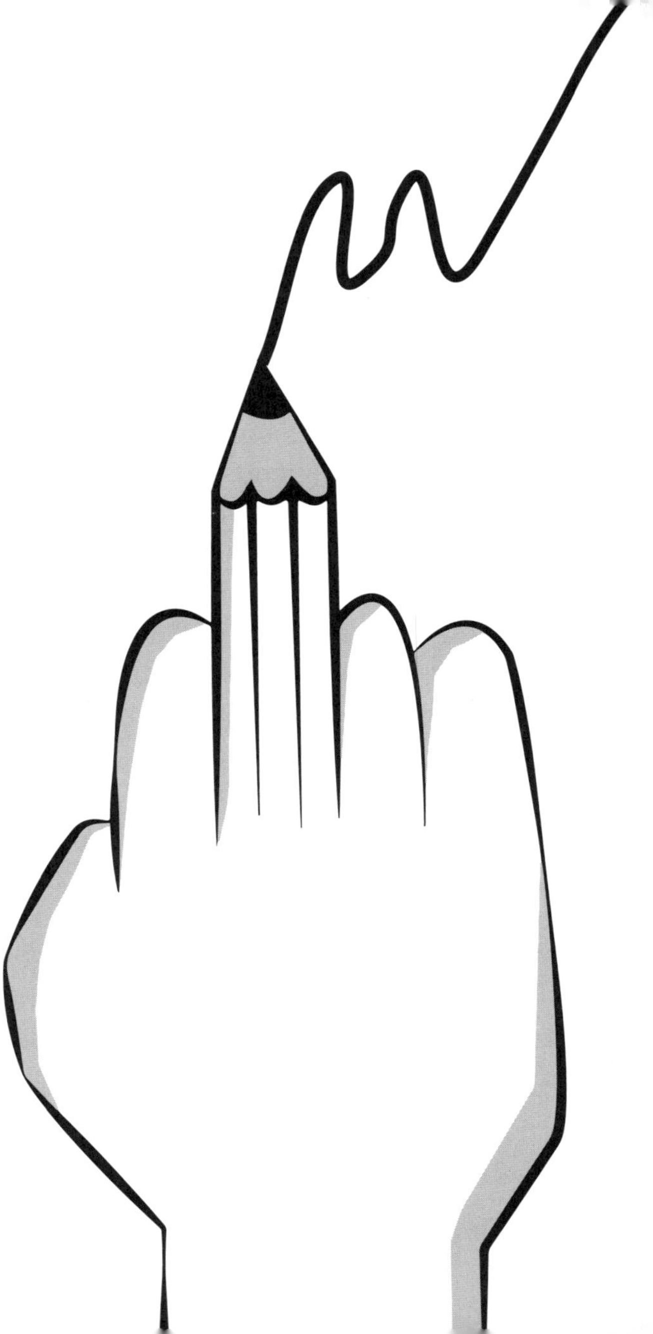

Provokationen und Humor haben noch jeden aus der Reserve gelockt. Der Umstand, dass moderne Kunst dazu führt, dass Menschen kopfschüttelnd durch Museen laufen und immer wieder »Das ist doch keine Kunst!« ausstoßen, macht für viele ihren Reiz erst aus. Und auch Humor schafft einen besonderen Zugang zu künstlerischem Handeln. Beide Aspekte lassen sich in kreatives Denken und auch in kreative Zusammenarbeit einbauen. Edward de Bono etwa nutzt Provokationen explizit, um bestehende Annahmen in Frage zu stellen. Selbst das Lesen von Witzen kann die Kreativität fördern. Denn der Aufbau eines Witzes basiert in aller Regel darauf, dass ein unvorhergesehener Kontext auftaucht. So lässt sich Humor nutzen, um, frei vom tatsächlich Machbaren, Ideen und Konzepte zu entwickeln. Manchmal macht es einfach Spaß ein wenig spinnen und provozieren zu dürfen. Später können die gefundenen Ideen immer noch in ein realistischeres Umfeld übertragen werden. Wichtig ist, dass sie überhaupt erst einmal entstehen.

Nicht selten lässt sich ein Raum dadurch besser einrichten, dass man Möbel herausnimmt, anstatt neue hineinzustellen. Im gleichen Sinne gibt es auch zwei Wege eine Skulptur zu schaffen: Man kann sie aus einzelnen Teilen zusammenfügen, wie beispielsweise aus Ton, Ziegeln oder Lego; alternativ kann man all das wegnehmen, was nicht zur Skulptur gehört, wie ein Bildhauer bei einem Stück Marmor. Und ebenso funktionieren *additive* und *subtraktive Kreativität*. So kann man bei der einen Kreativitätsform Elemente zu einem neuen Ganzen zusammensetzen, während man bei der anderen Dinge entfernt, um etwas Neues entstehen zu lassen. Oft machen wir uns nicht klar, dass es beide Formen der Kreativität gibt, und wir versuchen, die falsche auf ein Problem anzuwenden. Manchmal hilft es, sich vom Prozess zu lösen und die Frage zu stellen, ob man wirklich etwas hinzufügen sollte und nicht vielleicht besser damit fährt, Teile zu entfernen.

GIACOMETTI
MICHELANGELO

»Vielfalt ist die Würze des Lebens.«
— Ernst von Wildenbruch

In unserer heutigen Gesellschaft besteht weitestgehend Einigkeit darüber, dass wir die Kosten und Hürden für kreatives Handeln senken müssen. Kreativität hat einen eigenen Wert und ist für die Entwicklung unserer Gesellschaft wesentlich. Eine wichtige Grundlage für Kreativität ist eine erhöhte Akzeptanz von Diversität. Orte mit viel Toleranz ziehen kreative Persönlichkeiten an, ihre unterschiedlichen Einflüsse inspirieren. Was gesellschaftlich gilt, ist auch auf jeden Einzelnen von uns zu übertragen. Die Diversität innerhalb der Gruppe von Menschen, mit der wir uns auseinandersetzen, aus der wir Inspirationen ziehen, ist wichtig für unsere Kreativität. Die aktive Suche nach fremden und unbekannten Einflüssen hilft unserem kreativen Handeln, auch wenn es zu Beginn Verständnisprobleme geben mag. Der Künstler in uns ist daher bemüht, interessante Menschen, mit ganz unterschiedlichen Hintergründen, um sich zu versammeln.

UND NUN WAS TUN?

- Klein beginnen. Mit einem einzigen Projekt, einer einzigen Aufgabe, anfangen. Es ist egal, ob dies beruflich oder privat ist. Wie kann dieses Projekt künstlerisch verstanden werden? Wie ändert sich damit die Aufgabe?
- Klein weitermachen. Für mindestens drei Wochen kein weiteres Projekt als »Künstler« anfangen. Man kann sich schnell verzetteln.
- Auf ein Date gehen. In der ersten Woche mindestens auf ein Artist Date gehen, egal ob in ein Museum, in den Zoo oder auf eine Bergwanderung. Unbedingt alleine gehen. Wie kann man durch das Erlebte die Aufgabe neu denken?
- Analog planen. Notizen auf Papier machen, stets ein Notizbuch mitführen, Gedanken aufschreiben, egal wann sie kommen (vor dem Ein-

schlafen, auf dem Weg zur Arbeit, beim Anstehen im Supermarkt).

- Gewohnte Werkzeuge in Frage stellen. Wo soll das Projekt hingehen? Was ist das ideale finale Produkt? Mit welchem Werkzeug kommt man dort am einfachsten an?
- Das große Ganze betrachten. Regelmäßig einen Schritt zurück gehen, ehe man sich wieder in Details vertieft.
- Dem inneren Kind ein Mitspracherecht einräumen. Auch Dinge ausprobieren, die man sich lange nicht getraut hat, die Aufgabe spielend weiterentwickeln.

R
WIE REBELL

Ja fesselt man mich
Im finsteren Kerker,
So sind doch das nur
Vergebliche Werke.
Denn meine Gedanken
Zerreißen die Schranken
Und Mauern entzwei:
Die Gedanken sind frei.

Deutsches Volkslied

KEINE
HUNDE!

»Die, denen es an Mut fehlt,
werden immer eine Philosophie
finden, dies zu rechtfertigen.«
— Albert Camus

Es ist bequem, Veränderungen stets von Anderen herbeiführen zu lassen und den eigenen Schlendrian auf ein Podest des Wohlüberlegten zu hieven. Doch die Welt entwickelt sich nicht weiter, wenn niemand den Mut hat, etwas zu riskieren. Und wem die Welt nicht ganz so wichtig ist, dem sei versichert, dass wir uns selbst auch nicht entwickeln, wenn wir nicht bereit sind, die eigene Komfortzone zu verlassen. Wir müssen unsere Angst vor dummen Ideen verlieren und den Glauben daran gewinnen, dass die Welt unseren Mut belohnt. In der Psychotherapie behandelt man Phobien, indem Patienten sich erarbeiten, was im schlimmsten Fall passieren könnte. Wer panische Angst vor Spinnen, selbst vor einem Weberknecht, hat, dem hilft die rationale Reflexion darüber, was dieser überhaupt anrichten kann. Für kreative Prozesse gilt das Gleiche. Was kann denn im schlimmsten Fall passieren?

Jede Gesellschaft, jede Organisation, jeder Verein und jeder Verband hat einen gemeinsamen Kontext – das sind gemeinsam geteilte Werte, Vorstellungen und grundlegende Annahmen. In Maschinenbauunternehmen bringen diese die Maschinenbauer mit, in Konzertorchestern die Musiker. Ein gleicher Kontext vereinfacht die Kommunikation und erhöht die Effizienz. Gleichzeitig führen sie zu Betriebsblindheit und Situationen, in denen Chancen nicht wahrgenommen werden, sogenannte weiße Flecken. Ein *Kontextpartisan* arbeitet bewusst nicht im gleichen Kontext, sondern wechselt diesen. Ein Biologe schaut anders auf eine Maschine als ein Maschinenbauer. Ein Psychologe stellt andere Fragen als ein Musiker und durchbricht damit festgefahrene Annahmen. Oft bieten schon neue Kollegen die Chance, Etabliertes in Frage zu stellen. Man muss ihnen jedoch den Raum dafür geben, dies zu tun und aufmerksam zuhören.

"WO ALLE GLEICH DENKEN,
DENKT KEINER VIEL."
– WALTER LIPPMANN

Kreativität ist selten ein Prozess, den man auf Befehl abrufen kann. Jeder, der mal mit einem Designer, Architekten oder Künstler gearbeitet hat, versteht, was damit gemeint ist. Kreativ zu arbeiten geht immer auch mit Selbstbestimmung einher. Daher muss, wer selbst einer kreativen Tätigkeit nachgehen will, immer wieder für die eigene Unabhängigkeit kämpfen, Freiräume für das eigene Schaffen erzeugen und nicht darauf hoffen, dass dies jemand anders für einen tut. Und wer kreative Menschen zu führen hat, muss sich damit anfreunden, dass die Ergebnisse nicht immer so aussehen werden, wie man sich das vorgestellt hat. Freundet man sich damit nicht an und versucht Kreativleistungen im Detail zu managen, so werden sich die guten Mitarbeiter eine neue Herausforderung suchen und schlimmer noch, die schlechten werden bleiben und generische, uninspirierte Ergebnisse abliefern.

»Viele sind hartnäckig in Bezug auf den einmal eingeschlagenen Weg. Wenige in Bezug auf das Ziel.«
— Friedrich Nietzsche

Kreativ zu sein heißt in aller Regel, Neuland zu betreten. Und wer Neuland betritt, wird Fehler machen, falsche Annahmen haben, falsch planen, falsch loslaufen. Umso wichtiger ist es, dass man den Mut hat, den eingeschlagenen Weg wieder und wieder in Frage zu stellen und nicht daran festhält, nur weil man schon so viel Energie reingesteckt hat. Arbeitspsychologen zeigen, dass wir vor allem deshalb zu lange an falsche Ideen glauben, weil unser Ego sich die falsche Entscheidung nicht eingestehen will. Wer jedoch den Mut hat, sich selbst in Frage zu stellen, erhöht die Chance, auch tatsächlich ein Ziel zu erreichen. Der zweithäufigste Grund dafür, dass wir an gefällten Entscheidungen festhalten ist unser Drang Projekte vollenden zu wollen. Auch wenn ein Projekt auf dem falschen Weg ist, so fühlen wir uns besser, wenn es wenigstens abgeschlossen wird, auch wenn es sinnlos war. Der Rebell in uns ist daher auch dafür verantwortlich, rechtzeitig die Reißleine zu ziehen.

IST UNS ALLES EGAL
MIR ABER NICHT!

Kreativität ist stets gewollt. Kaum eine Führungskraft wird sagen, dass sie sich eine unkreative Unternehmenskultur wünscht. Nur führt dieser fromme Wunsch nicht automatisch zu einer kreativ und autonom handelnden Belegschaft. Nur weil von oben mehr Kreativität gewünscht wird, führt dies nicht von allein zu deren Umsetzung. Der Rebell in uns muss stets Lobbyarbeit für mehr Kreativität leisten. Er muss dafür kämpfen, dass Kreativität gelebt wird und Lippenbekenntnissen auch Taten folgen. Von selbst passiert selten etwas und so steht jeder von uns in der Pflicht, es sich selbst zur Aufgabe zu machen, für etwas mehr Kreativität zu werben. Tun wir das nicht, setzen wir uns nicht persönlich dafür ein, so wird das kreative Arbeitsumfeld zu einem sozialen Dilemma wie etwa die autofreie Stadt oder der saubere Park: Alle hätten das gern aber zu wenige setzen sich dafür ein, dass auch etwas passiert.

JAHRELANG BELÄCHELT UND

SCHLUSSENDLICH PREISGEKRÖNT

Wir haben die gesellschaftliche Angewohnheit, das Neue solange abzulehnen, bis wir es feiern. Ganz gleich welche Epoche man sich anschaut, so galten Kreative mit wirklich neuen Ideen stets als Aufständische, im Begriff das kulturelle Erbe zu verraten. Um Beispiele dafür zu finden, muss man gar nicht weit in die Vergangenheit blicken. Es reicht zu schauen, welche Architekten aktuell bejubelt werden und wie ihr Werdegang war. Zaha Hadid ist hierfür ein Beispiel. Die Architektin wurde in den letzten Jahren mit Auszeichnungen überhäuft und gilt als eine der Wegbereiterinnen der postmodernen Architektur. Dass sie ihre Entwürfe fast zwanzig Jahre lang nicht bauen durfte, wird heute gern vergessen. Erst als man bei der Möbelfirma Vitra ein neues Gebäude für die Betriebsfeuerwehr brauchte konnte Hadid im Alter von 44 erstmals einen eigenen Entwurf umsetzen. Sie musste 52 Jahre alt werden, um ihr zweites Gebäude bauen zu dürfen. Heute baut sie mehrere pro Jahr.

»Kick up and kiss down« ist eine Managementphilosophie, die die klassischen, hierarchischen Strukturen unserer Unternehmen in Frage stellt. Nicht der Mitarbeiter wird drangsaliert umzusetzen, sondern die Vorschläge und Vorgaben der Führungskräfte werden energisch geprüft. Oft machen wir uns nicht klar, dass Führungskräfte nur einen Ausschnitt an Informationen haben, auf die sie ihre Entscheidungen stützen. Und viel zu selten befinden sie sich in einer Situation, in der ihr Denken in Frage gestellt wird. Kreatives Arbeiten bedeutet daher, auch die Strukturen des eigenen Unternehmens in Frage zu stellen und es sich zur Aufgabe zu machen, den eigenen Chef zu führen. Wer den eigenen Chef dazu bewegt hat, den Vorschlägen seiner Mitarbeiter zu entsprechen, hat den nötigen Freiraum erkämpft, um kreative Vorhaben umsetzen zu können. Das Führen des Vorgesetzten ist die höchste Kunst des Führens. Hier zählen Argumente statt Macht. Gerade für kreative Tätigkeiten gilt das alte Klischee, dass es manchmal besser ist, nachher um Vergebung zu bitten als vorher um Erlaubnis.

DIE KUNST, DEN EIGENEN
CHEF ZU FÜHREN

Brainstorming ist seit den 1950er Jahren die am häufigsten verwendete Methode zum Generieren von Lösungen in einer Gruppe. Für wirklich neue Ansätze ist es jedoch das falsche Instrument. In Gruppen besteht eine Tendenz zum Konsens; originelle Ideen werden schon wegen ihrer Originalität als exzentrisch verschrien und abgelehnt. Auch wenn im Brainstorming Kritik nicht geäußert werden darf, so hemmen nonverbale Hinweise, wie das Hochziehen einer Augenbraue, den Ideenfluss. Hierarchien können nur schwer abgeschaltet werden. Die Anwesenheit der Leitungsebene hemmt die Mitarbeiter. Wenn der Wunsch nach unkonventionellen Gedanken besteht, so bieten sich Methoden mit Rollenspielen, wie etwa Edward De Bonos »Sechs Hüte« besser an. Hier erhalten sechs Teilnehmer jeweils einen farbigen Hut und spielen eine Rolle (analytisch, emotional, kritisch, optimistisch, kreativ oder ordnend). Aus der Deckung der gespielten Rolle lassen sich unkonventionelle Ideen leichter äußern, war man doch nicht selbst Ideengeber, sondern einfach nur gut in der gespielten Rolle.

AM LIEBSTEN WAR IHNEN
DIE KREATIVITÄTSMETHODE
MIT DEN „HÜTEN“.

KREATIV

Jeder von uns folgt einer inneren circadianen Rhythmik, umgangssprachlich sagt man auch innere Uhr. Diese innere Uhr legt fest, ob wir morgens oder abends aufmerksamer sind und uns besser konzentrieren können. Einer Studie von Mareike Wieth und Rose Zacks zufolge, verhält es sich mit der Kreativität genau entgegengesetzt zu unserer Aufmerksamkeit. Wir sind also genau dann am kreativsten, wenn uns Aufgaben, die Konzentration erfordern, besonders schwer fallen. In unserer jeweiligen analytischen Hochphase, also wenn wir uns gut konzentrieren können, sind wir in der Lage Ablenkungen auszufiltern. Für kreative Einfälle sind es jedoch genau diese Ablenkungen, die uns überhaupt erst auf Ideen kommen lassen. Die Schwierigkeit besteht nun darin, den eigenen Tagesablauf an unsere innere circadiane Rhythmik anzupassen. Wer morgens konzentriert arbeiten kann, sollte diese Zeit für analytische Tätigkeiten blocken. Wer abends kreativ ist, sollte sich entsprechende Aufgaben in die Abendstunden legen.

Error
Schliessen Sie ein paar Fenster, um etwas frische Luft zu schnappen.
OK

Es gibt eine Vielzahl von Untersuchungen, die sich mit dem Zusammenhang von Büroausstattung und Kreativität auseinandersetzten. Einige Ergebnisse wie etwa, dass Büros mit Fenstern zu mehr Kreativität führen, überraschen vermutlich kaum. Doch ein Ergebnis stellt unsere grundsätzliche Handhabung von Büroeinrichtungen in Frage. So zeigt eine Studie von Jan Dul, dass Mitarbeiter, die ihr Büro selbst einrichten durften, entschieden mehr Kreativität verspüren als die, die in einem Büro arbeiten, das jemand anders eingerichtet hat. Verblüffend also, dass wir unseren Arbeitsalltag, in vielen Fällen den Großteil der Zeit, die wir wach sind, in Räumen verbringen, die uns nicht entsprechen, in denen Möbel stehen, die wir nicht ausgesucht haben und die wir auch nicht besonders ansprechend finden. Die wenigsten Firmen treten mit ihren Mitarbeitern in einen Dialog darüber, wie diese sich ihr Büro wünschen würden. Und selbst wenn, so darf nur aus einer engen Vorauswahl gewählt werden. Vergleicht man die Kosten für Gehälter mit denen für Büroeinrichtung, so hat sich die Investition in Möbel, die den Mitarbeiter motivieren, schnell gerechnet.

Wir unterscheiden uns alle darin, wie es uns liegt zu arbeiten. So kann man etwa die beiden Formen der *Auftischer* und *Untertischer* unterscheiden. Auftischer bevorzugen es, ihre Materialien vor sich zu drapieren, Stapel gleichartiger Dinge zu bilden und so im Sitzen das komplette Arbeitsfeld im Blick zu haben. Untertischer hingegen arbeiten in erster Linie mit ihrem Hängeregister oder Aktenschrank. Jedes Dokument hat einen finalen Ort an dem es schnell gefunden werden kann und es wird nur in dem Moment herausgezogen, in dem es bearbeitet wird. Wer seinen Mitarbeitern vorschreibt, wie sie sich selbst zu organisieren haben, läuft Gefahr, deren Individualität und damit deren kreative Prozesse zu unterjochen. Selbstbestimmung und die Freiheit der eigenen Umgebungsgestaltung schaffen den notwendigen Nährboden für Kreativität. Wer kann sich eine Künstlerin vorstellen, die ihr Atelier nicht nach ihren eigenen Vorstellungen nutzen darf? Der Rebell in uns muss den Mut haben, sich über etablierte Prozesse hinwegzusetzen und für ein Arbeitsumfeld kämpfen, das unserer eigenen Kreativität entspricht.

Der Hippocampus ist eine der ältesten Strukturen unseres Gehirns. Er ist unter anderem dafür da, Informationen und Orte miteinander zu verknüpfen. Bevor Menschen siedelten, war es wichtig sich zu erinnern, wo bestimmte Sträucher standen oder wo ein Wasserloch war. Wir tun uns deutlich schwerer damit, uns Dinge zu merken, die ihren Ort wechseln können. Daher wissen wir genau, wo unser Bäcker ist, nicht aber, wo wir unseren Autoschlüssel hingelegt haben. Es ist auch der Grund dafür, dass wir mit Erinnerungen überschwemmt werden, wenn wir Orte besuchen, an denen wir als Kind viel Zeit verbracht haben. Einen einzigen Arbeitsplatz zu haben und dort eine Vielzahl an Aufgaben zu bearbeiten, ist eine große Belastung für unseren Hippocampus. Wir sind nicht dafür angelegt, große Mengen an Informationen mit einem einzigen Ort zu verknüpfen. Oft hilft es unserer Kreativität, mit verschiedenen Aufgaben unterschiedliche Orte zu assoziieren. Schon ein zweiter Schreibtisch für bestimmte Tätigkeiten kann unser Gehirn entlasten. Einen neuen Ort aufzusuchen, ist ein wenig so, als würden wir einen Resetknopf für unsere Kreativität drücken.

UND NUN WAS TUN?

- Mut entwickeln, bestehende Prozesse in Frage zu stellen. Nur weil etwas schon immer so gemacht wurde, bedeutet dies nicht, dass es nicht verbessert werden kann.
- Kontextpartisane ermitteln. Wer kommt aus einem anderen Kontext, hat eine andere Sicht auf die Dinge? Wie kann der Blickwinkel dieser Person systematisch genutzt werden, um zu neuen Einsichten zu kommen?
- Die eigene circadiane Rhythmik verstehen. Ist man morgens oder abends kreativer? Versuchen den Tagesablauf entsprechend anzupassen.
- Auf Brainstorming verzichten. Wenn das nächste Mal Ideen gesucht werden, besser ein Rollenspiel wie etwa de Bonos »Sechs Hüte« anwenden.

- Umgebung der eigenen Kreativität anpassen. Büro, Werkstatt, Atelier den eigenen Bedürfnissen entsprechend einrichten oder umstellen.
- Verschiedene Orte für verschiedene Tätigkeiten festlegen. Konkrete Projekte mit einem Ort verbinden und bewusst den eigenen Ort wechseln, wenn man an einem anderen Projekt arbeitet.

E WIE ENTHUSIAST

Die Welt wär‘ ein Sumpf, stinkfaul und matt,
Ohne die Enthusiasten:
Die lassen den Geist nicht rasten,
Die besten Narren, die Gott selbst lieb hat,
Mit ihrem Treiben und Hasten!
Ihr eigen Ich vergessen sie,
Himmel und Erde fressen sie
Und fressen sich nicht satt.

Eduard Mörike *(1804 – 1875)*

HIER ERGREIFEN
INITIATIVE
One night in
Paris
TAKATUKA
BIG IN
JAPAN

Jede kreative Tätigkeit kann nur dann passieren, wenn man irgendwann damit anfängt, auch etwas zu tun. Wer schon *vor* der eigentlichen Arbeit Gründe dafür sucht, dass das Ganze scheitern muss, erzwingt damit das Scheitern selbst. Es ist die Aufgabe des Enthusiasten in uns, diese Paralyse durch Analyse zu verhindern. Woody Allen hat mal gesagt, dass »showing up« achtzig Prozent des Lebens ausmacht. Doch viele von uns sind selbst damit überfordert und bleiben lieber im sicheren Hafen der Aufgaben, die andere uns anvertraut haben. Initiativ werden heißt selbstständig Dinge anzustoßen. Initiative kann einem nicht gegeben werden, niemand anders kann sie freischalten oder rüberreichen. Initiative muss man ergreifen. Es gibt keine andere Option an Initiative zu kommen. Entweder man ergreift sie, oder die Möglichkeit verstreicht ungenutzt.

„AUF INSPIRATION KANNST DU NICHT WARTEN. DU MUSST IHR HINTERHER, MIT EINEM KNÜPPEL."

– JACK LONDON

Es ist immer wieder beeindruckend, dass auf den unterschiedlichen Nachttischen unterschiedlicher Menschen die gleichen Bücher liegen. Für jede Tätigkeit, jedes Fachgebiet, jedes Hobby gibt es ein paar Bücher, die aktuell die Runde machen. Zwei bis drei Jahre nach ihrem Erscheinen verschwinden sie wieder. In diesen zwei bis drei Jahren haben sie jedoch einen großen Einfluss auf das Denken und Problemlösungsverhalten ihrer Zielgruppe. Wenn man durch die viele Arbeit so wenig Zeit hat, dass man es lediglich schafft, die Bücher zu lesen, die auch schon die Kollegen gelesen haben, so ist die zusätzliche Erkenntnis bescheiden. Viel wichtiger wäre es, Inspiration an Orten zu suchen, die unsere Kollegen nicht kennen und als derjenige zu gelten, der neue (oder gerne auch mal alte) Bücher überhaupt in die Diskussion einbringt.

Vermutlich kennt jeder Menschen, die erzählen, wie ihnen die besten Ideen beim Laufen kommen. Facebook-Chef Mark Zuckerberg ist dazu übergegangen, vielen seiner Meetings Beine zu machen und spazieren zu gehen, statt sich sitzend in einem Meetingraum zu treffen. Tatsächlich zeigt eine Studie von Marilyn Oppezzo und Daniel Schwartz, dass das Laufen unser kreatives Vermögen um 60 Prozent steigern kann. Dabei ist es ganz egal, wo man läuft. Ein Spaziergang durch die Büros steigert die Kreativität nicht minder als ein Spaziergang unter freiem Himmel. Die Forscher haben Probanden in einem langweiligen Raum auf ein Laufband gestellt und selbst hier war die Zunahme an Kreativität durch das Laufen beachtlich. Während und kurz nach dem Laufen waren die Studienteilnehmer besser darin, komplexe Analogien zu finden und auch besser darin, neue Verwendungszwecke für einen bekannten Gegenstand zu erdenken. Wem mal ganz und gar nichts einfallen will, sei daher ein kleiner Spaziergang ans Herz gelegt.

„ALLES WÜRDE BESSER GEHEN,
WENN MAN MEHR GINGE."
– JOHANN G. SEUME

Enthusiasmus und das damit verbundene Einarbeiten in neue Themengebiete gelingen am besten im Wechsel aus Rückzug und Zusammenarbeit. Allein kann man recherchieren, sortieren und Dingen auf den Grund gehen. Gemeinsam mit anderen kann man Gefundenes reflektieren, andere Perspektiven einsammeln und Hinweise für die nächsten Schritte erhalten. Eine angemessene Balance zwischen dem Nahen und dem Fernen, dem Kollektiven und dem Einsamen bestimmt dabei den Erfolg. Es ist wichtig, dass wir uns Umfelder schaffen, in denen wir uns zurückziehen können ohne unterbrochen zu werden, ohne Telefon und ohne E-Mail. Daneben brauchen wir Situationen des Austausches, des Inputs, der Diskussion. Wer nur allein arbeitet, dem fehlen die Impulse anderer, wer nur im Großraumbüro sitzt, dem fehlt die Ruhe und Abgeschiedenheit, die man braucht, um einen Gedanken wirklich durchdringen zu können. Thomas Mann etwa schloss sich täglich von neun bis zwölf Uhr morgens in sein Büro ein und war für niemanden zu sprechen. Erst nachmittags war er erreichbar, widmete sich der Korrespondenz oder empfing Gäste.

»Enthusiasmus ist das schönste Wort der Erde.«
— Christian Morgenstern

Eine Grundhaltung des Enthusiasten in uns ist es, die Welt als Herausforderung zu begreifen und nicht als Problem. Probleme machen unser Leben schwer, nehmen uns Freude und drücken aufs Gemüt. Herausforderungen stacheln dazu an, Lösungen zu entwickeln; Probleme stacheln dazu an, Bedenken zu äußern. Die wenigsten unserer täglichen Herausforderungen lassen sich nicht lösen und trotzdem sind wir überall von Bedenkenträgern umgeben, die schon die kleinsten Veränderungen an den Rand eines Zusammenbruchs bringen. Gerade in Gruppen muss der Enthusiast in uns dafür sorgen, dass eine positive Grundstimmung herrscht und die Bedenkenträger nicht den Ton angeben. Oft kann man diese damit ausschalten, dass man ein Treffen »Yes-Session« nennt und nur konstruktive Kommentare zulässt. Die ersten fünf Minuten weigern sich die Bedenkenträger mitzumachen, anschließend ist die Gruppendynamik stärker und sie bringen sich ein.

DIE BESTE BILDUNG FINDET
EIN ENTHUSIAST AUF REISEN.

Eine Studie von William Maddux und Adam Galinsky hat gezeigt, dass Studenten, die eine Zeit ihres Lebens in einer anderen Kultur verbracht haben, deutlich besser beim Lösen von kreativen Aufgaben sind als ihre daheimgebliebenen Kollegen. Die Auseinandersetzung mit fremden Kulturkreisen fordert unsere Weltanschauung heraus und lässt uns aufgeschlossener und im wahrsten Sinne des Wortes weltoffener werden. Dies wiederum führt zu mehr Kreativität. Wir sind in der Lage, andere Blickwinkel einzunehmen, wir verstehen, dass man Dinge anders sehen kann. Und auch im beruflichen Alltag lässt sich dieser Zusammenhang zeigen. So bat Frédéric Clément Godart in einer Studie Modedesigner die Kreativität ihrer Kollegen zu bewerten. Das Ergebnis zeigt, je länger Modedesigner im Ausland gelebt haben und in je mehr Kulturkreisen sie gelebt haben, desto kreativer sind sie.

Wir lieben die Gewohnheit, unser Gehirn braucht jedoch das Neue. So zeigen Untersuchungen, dass neue Impulse für das Hirn unser Erinnerungsvermögen stärken und auch unsere Lernfähigkeit stimulieren. Nur wenn man aus Routinen ausbricht, Gewohnheiten verändert und neue Perspektiven einnimmt, kann auch unser Hirn neue Wege gehen. Dabei müssen wir nicht zwangsläufig neue Länder bereisen oder neue Sprachen lernen. Schon kleine Herausforderungen für das Gehirn können unsere Kreativität nachhaltig anregen: So wie beispielsweise Zähneputzen, Zeichnen oder das Nutzen der Computermaus mit der anderen Hand, duschen, schmecken oder anziehen mit verschlossenen Augen sowie das Wählen neuer Routen zu bekannten Orten. Triviale Dinge, wie diese Beispiele, können unser Gehirn effektiv trainieren und helfen uns dabei kreativere Gedanken zu fassen. Täglich können wir so unser Hirn durch kleine Aufgaben herausfordern.

AM SIEBTEN TAG GINGEN
IHM DIE POSEN AUS.

»Ich habe keine besondere Begabung, sondern bin nur leidenschaftlich neugierig.«
— Albert Einstein

Aus dem Qualitätsmanagement stammt die »5-Why-Methode«, deren Ziel es ist, tatsächliche Ursachen zu ergründen. Im Prinzip ist die Methode ganz einfach. Man nimmt ein Problem und fragt nach dem »Warum« und zwar fünfmal. Was beim ersten Hinhören albern bis kindisch klingt, entpuppt sich nach etwas Übung als wichtiges Werkzeug, um Grundlegendes zu verstehen. Auch wenn es unangenehm klingt und unser Gegenüber sich schwer tut auch das vierte und fünfte »Warum« zu beantworten, so ist es hin und wieder notwendig nachzubohren, um wirklich zu verstehen. Die Neugierde, Dinge begreifen zu wollen, ist wesentlich für kreatives Handeln. Erst wenn wir wissen, wie etwas funktioniert, können wir dieses Wissen mit dem, was wir schon kennen verbinden, es erweitern, und neue Lösungen entdecken. Als die Person bekannt zu sein, die immer wieder nachfragt, ist ein kleiner Preis für die Welt an Lösungen, die sich uns durch beherztes Nachbohren erschließt.

EINMAL RADFAHREN .
EINMAL FLIEGEN KÖNNEN ...

Unsere Erfahrung beschränkt uns in der Art und Weise, wie wir ein Problem lösen wollen. Oder um es mit Paul Watzlawick zu sagen: »Wer als Werkzeug nur einen Hammer hat, sieht in jedem Problem einen Nagel.« Besonders gilt dies für Experten, die naturgemäß einen hohen Spezialisierungsgrad mitbringen und so ihre eigene Expertise auf jedes erdenkliche Problem anwenden wollen. Doch jede neue Betrachtungsweise eröffnet neue Welten. Vertrautes wird anders, unbekannt und spannend. Für den Fall, dass man niemand anderes um Inspiration bitten kann, ist es sinnvoll, selbst verschiedene Blickwinkel in sich zu tragen. Je nach Problem können diese ganz unterschiedlich aussehen, etwa »Wie würde ein Teenager sich jetzt verhalten?« oder »Wie würde IKEA damit umgehen?« ... Wichtig ist weniger die Wahl der idealen Perspektive, als unterschiedliche zu testen und sich so aus der Befangenheit des eigenen Vorwissens befreien zu können.

»Ich fürchte, unsere
sorgfältige Erziehung
liefert uns nur Zwergobst.«
— Georg Christoph Lichtenberg

Die meisten von uns haben irgendwann im Leben die Erfahrung gemacht, dass ein kreativer Einfall mit Spott oder Häme beantwortet wurde. Für viele ist dies der Grund, sich in kreativen Fragen zurückzuhalten, zu groß ist die Angst, erneut auf Unverständnis und Ablehnung zu stoßen. In einer Kultur von Angst unterdrücken wir die Ideen, die wir eigentlich brauchen, um uns weiter zu entwickeln. Wir verspielen die Chance, neue Ideen präsentiert zu bekommen, weil es sich gut anfühlt, welche abzulehnen. Der Enthusiast in uns muss daher nicht nur selbst die Begeisterung für das Neue mitbringen, sondern auch anderen das Selbstvertrauen geben, das sie brauchen, um sich in kreative Prozesse einzubringen. Angst baut sich am besten schrittweise ab. Wer Schritt für Schritt lernt, sich in den kreativen Prozess einzubringen, lernt auch irgendwann mit harscher Kritik umzugehen.

Man ist lange davon ausgegangen, dass Kreativität im Genius des Einzelnen liegt. Die Forschung war daher stets bemüht, Charakterzüge zu ermitteln, die für unsere Kreativität verantwortlich sind. Dazu wurden beispielsweise Biographien kreativer Köpfe studiert und Gemeinsamkeiten zusammengetragen. Die Ergebnisse sind dürftig. Es gibt kaum welche. Inzwischen ist man sich sicher, dass der soziale Kontext, in den wir eingebettet sind, eine deutlich zentralere Rolle für unsere Kreativität spielt als ein individueller Charakterzug. Der Enthusiast in uns ist daher auch dafür verantwortlich, Gleichgesinnte zu finden, die die eigene Begeisterung teilen. Studien von Alexander Haslam zeigen, dass Solidarität essenziell ist für kreative Entwicklungen. Denn Solidarität erlaubt es dem Einzelnen, seine Gedanken durch Gruppenmitglieder reflektieren zu lassen. Kreativität wird so zu einer gemeinsamen Erfahrung. Kreative Gemeinschaften, wie die Beatles oder Bauhaus, so ist man sich heute sicher, waren nicht das zwangsläufige Ergebnis genialer Individuen, sondern entstanden aus ihrem sozialen Kontext.

WAS LANGE WÄHRT
WIRD NIE FERTIG.

Eine kreative Idee oder eine Vision ist am Ende nichts wert, wenn sie nicht auch umgesetzt wird. Es kommt stets darauf an, etwas auszuliefern, das fertig ist. Fertig heißt nicht perfekt. Denn wer perfektionistisch an jedes kleine Detail geht, jede kleinste Entscheidung wieder und wieder in Frage stellt, läuft vor allem Gefahr, nie fertig zu werden. Nicht jeder kann auf die Ressourcen eines Stanley Kubrick zurückgreifen, der bis zu zwölf Jahre brauchte, um seinen nächsten Film fertig zu stellen und der den Film, für den er vermutlich am meisten recherchiert hat (»Napoleon«), überhaupt nie fertig bekam. Für eine erste Version, die wir rausgeben, um Feedback zu sammeln, sollte unser Anspruch sein, dass sie gut genug ist, um unseren Namen zu tragen, aber eben nicht perfekt. Es ist dann an uns, diese Version zu verbessern, Feedback einzusammeln und schnell eine zweite bessere Version nachzulegen. Nicht selten konzentrieren wir uns auf falsche Details. Erst eine öffentliche Version hilft uns zu verstehen, wo die Reise hingehen sollte.

UND NUN WAS TUN?

- Andernorts Inspiration suchen. Welche Impulse kann man in eine Diskussion einbringen, die noch keiner kennt? Welche Bücher behandeln verwandte Themen, sind anderen aber unbekannt?
- Bei Gelegenheit spazieren gehen. Die eigene Kreativität dadurch anregen, dass man Besprechungen im Gehen abhält. Auch bei Denkblockaden einfach mal ein paar Schritte gehen.
- Für eine positive Grundstimmung sorgen. Bedenkenträgern früh den Wind aus den Segeln nehmen. In bestimmten Situationen das Entwerfen von negativen Szenarien verbieten.
- Kindliche Neugierde wiedergewinnen. Dingen auf den Grund gehen, immer wieder nachfragen, wie etwas funktioniert.

- Aus Routinen ausbrechen. Das Hirn auch in alltäglichen Situationen fordern. Neue Wege finden bekannte Sachen zu bearbeiten.
- Zeiten der Ruhe festlegen. Ungestörte Zeiträume schaffen, in denen man konzentriert etwas erarbeitet. Keine Mails empfangen, das Telefon in den Flugzeugmodus stellen und sich nur einer Sache widmen.
- Zeiten des Austauschs festlegen. Wenn wir etwas erarbeitet haben, dann konkret den Austausch mit anderen suchen.
- Perfektionismus anderen überlassen. Auch mal unfertige Ideen, Konzepte, oder Gedanken zur Diskussion stellen. Lieber früher lernen, was nicht funktioniert als zu viel Liebe in etwas stecken, das am Ende nicht gewollt wird.

A

WIE ASKET

Mein lieber Sohn, du tust mir leid,
Dir mangelt die Enthaltsamkeit.
Enthaltsamkeit ist das Vergnügen,
An Sachen, welche wir nicht kriegen.
Drum lebe mäßig, denke klug,
Wer nichts gebraucht, der hat genug.

Wilhelm Busch *(1832 – 1908)*

DENKST DU AUCH NICHT DAS GLEICHE,
DAS ICH AUCH NICHT DENKE?

»Scarcity breeds clarity.«
— Sergey Brin

In den unterschiedlichsten Situationen begegnet man immer wieder einem interessanten Problem: Je mehr Freiheitsgrade man Menschen einräumt, desto größer ist deren Stress und desto größer ist die Unzufriedenheit mit der eigenen Tätigkeit. Die gewonnene Freiheit geht mit dem Gefühl einher, dass etwas fehlt. Wir sind gewohnt Kompromisse einzugehen, Lösungen für Zwänge zu entwickeln und unsere Ideen zu kanalisieren. Unsere Kreativität braucht eine sinnbildliche Wand, gegen die sie prallen darf. Dabei zeigt sich, dass die Ergebnisse immer verblüffender werden, je enger wir die Einschränkungen ziehen. 2012 ging der Oscar für den besten Film an den Stummfilm »The Artist«, der knapp 100 Jahre nach Erfindung der Tonspur spielerisch mit der selbstauferlegten Einschränkung umging und auf ganzer Linie überzeugte. Wäre der Film nicht stumm gewesen, so hätte er kaum eine vergleichbare Aufmerksamkeit erfahren.

In Meetings lässt sich die Krankheit des obsessiven Notierens beobachten. Selbst kurze Sitzungen werden dazu genutzt, mehrere Seiten Protokolle zu erstellen. Angespornt durch moderne Werkzeuge, wird inzwischen in gemeinsamen Online-Dokumenten Wort für Wort mitgeschrieben. Nötig wären eigentlich Beiträge, die dem Zweck des Treffens entsprechen und sich auf das Wesentliche konzentrieren. Nach Abschluss solch einer Sitzung werden die Notizen an alle Teilnehmer verschickt. Notizen, für die niemand die Zeit hat, sie zu lesen, sind den Aufwand nicht wert, sie zu schreiben. Worauf es ankommt, ist, die notwendigen nächsten Schritte zu dokumentieren. Idealerweise in der eigenen Handschrift und an einem Ort, an dem man sie wiederfindet. Wir sind sehr gut darin, Ersatzbeschäftigungen zu finden, um kreative Herausforderung zu umgehen, doch selten liefern diese Prokrastinationshandlungen einen echten Mehrwert.

Eine Studie von Teresa Amabile zeigt, dass Ressourcenknappheit und hoher Zeitdruck unsere Kreativität fördern. Vincent van Gogh etwa hat die meisten seiner Bilder mit nicht mehr als sechs Farben gemalt, Raymond Pettibon oft nur mit einer einzigen. Slash, der Gitarrist der Rockband Guns N' Roses, lernte auf einer Gitarre, die nur eine einzige Saite hatte, das Spielen. Eine Fülle an Equipment macht niemanden kreativer, im Gegenteil. Es kostet viel Zeit, das richtige Werkzeug auszuwählen. Die Flut an Optionen, die uns heute geboten wird, sorgt mitunter dafür, dass kreative Prozesse gelähmt werden, weil die Equipmentfrage nicht abschließend geklärt werden kann. In den meisten Fällen lässt sich mit weniger deutlich mehr erreichen, denn Not macht erfinderisch. Statt zu fragen, was man alles einsetzen könnte, hilft es zu fragen, worauf man auch im schlimmsten Fall nicht verzichten würde und dann direkt zu beginnen.

ORNAMENT IST VERBRECHEN.

»Das Größte und Wunderbarste
ist das Einfachste.«
— Walter Rathenau

Das Einfache und Klare entsteht erst durch Iteration. Getreu dem alten Ausspruch von Blaise Pascal: »Bitte entschuldigen Sie den langen Brief, ich hatte keine Zeit, einen kurzen zu schreiben.« ist jedes kreative Unterfangen das Ergebnis eines rigorosen Sondierungsprozesses. Oder um es mit Kurt Tucholsky zu sagen, jedes gute Buch ist das Ergebnis von ein paar schlechten, die im Papierkorb gelandet sind. Der Asket in uns ist nicht nur derjenige, der sich mit wenigen Materialien an die Arbeit macht, sondern auch derjenige, der im Anschluss solange weiterarbeitet, bis das Ergebnis so einfach und klar wie möglich ist. Er arbeitet bis alles gestrichen ist, was nicht perfekt ins Gesamtbild passt und keine überflüssigen Passagen mehr zu finden sind. Vielen fällt es schwer, das Eigene wieder und wieder zu kürzen, doch worauf es am Ende ankommt, ist die Qualität und nicht der Umfang - das Destillat zählt mehr als die Fülle der Ingredienzen.

»Wir schreiben Schönheit dem zu, was einfach ist, was keine überflüssigen Teile hat, was genau seine Aufgabe erfüllt.«
— Ralph Waldo Emerson

Im Gerümpel verlieren auch die schönsten Dinge ihr Antlitz. Gedanken wie Gegenstände leben vom Kontrast und von dem Raum, der sie umgibt. Überladene Ideen und Konzepte wirken ebenso wenig einladend wie übervolle Räume und bis auf das Letzte gefüllte Agenden. Im Japanischen beruhen viele Gedanken zu Ästhetik und Kreativität auf dem Konzept »MA«, das die Leere beschreibt, die Dinge brauchen, um hervorzustechen. Erst im Kontrast zur Leere wirken Ideen richtig, so wie in Museen Bilder an kahlen weißen Wänden hängen. Übersetzt auf kreatives Schaffen bedeutet »MA«, dass nicht nur das Geschaffene selbst wirkt. Die Wirkung entsteht vielmehr im Zusammenspiel mit Kontext und Umgebung. Um unsere Ideen wirken zu lassen, müssen wir ihnen Raum geben. Erst umgeben von Leere können unsere Ideen sich ganz entfalten. Verborgen im Gerümpel können selbst die besten Dinge nicht überzeugen.

James Joyce ist täglich ans Schreiben gegangen mit dem Ziel, zwei perfekte Sätze zu Papier zu bringen. In der Regel schaffte er weitaus mehr. Sein übersichtliches Tagesziel sorgte dafür, dass seine Hemmschwelle zu beginnen, möglichst niedrig lag. Statt vom eigenen Ziel abgeschreckt zu sein und so möglicherweise gar nicht zu beginnen, findet jeder von uns die Zeit, die es braucht, zwei Sätze zu schreiben. Leicht erreichbare Ziele sorgen dafür, dass wir uns ohne selbst auferlegten Druck an die Arbeit machen. Sind wir erst mal bei der Sache, so entwickeln sich neue Ideen ganz von alleine und wir schaffen weit mehr als wir uns vorgenommen haben. Kommen wir an einem bestimmten Tag nicht in die Tätigkeit hinein und will uns partout nichts einfallen, so ist das niedrig gehängte Ziel dennoch schnell erreicht. Am folgenden Tag können wir wieder beginnen und die Arbeit des Vortags weiterführen. Niedrig gehängte Ziele sorgen dafür, dass wir keinen Tag ungenutzt verstreichen lassen. Denn der stete Tropfen höhlt bekanntlich den Stein.

ZIEL
START

»Fading« beschreibt einen Prozess der ausweitenden Grenzen. Anhand eines Beispiels aus der Lyrik lässt sich das Prinzip verdeutlichen: Statt es sich zur Aufgabe zu machen, ein langes Gedicht zu schreiben, beginnt man mit einem *Haiku,* einer sehr kurzen und sehr strukturieren Gedichtform. Zudem legt man vorher Wörter fest, die das Haiku beinhalten muss (z. B. Bauch und Strauch). In einem zweiten Schritt werden die Wörter fallengelassen und man dichtet ein zweites Haiku. In einem dritten Schritt lässt man auch die Struktur des Gedichts fallen und wählt neben dem Inhalt auch Form und Länge frei. »Fading« hilft dabei Denkblockaden zu umschiffen. Wenn man vor einem Problem steht und sich fragt: »Wo soll ich bloß anfangen?«, ist Fading ein hilfreiches Instrument. Man beginnt mit einem eng umgrenzten Problem, weitet dieses Schritt für Schritt aus und kommt so von einer sehr speziellen Idee zu einer ganzheitlichen Lösung. Auch für Gruppenarbeiten und Diskussionen eignet sich die Technik, da sich so schrittweise der Lösungsraum erweitern lässt und die Teilnehmer nicht sofort durch die Weite des Möglichkeitsraums abgeschreckt sind.

VÖLLIG ÜBERBUCHT

Es heißt, es sei viel einfacher ein neues Ministerium zu schaffen als ein bestehendes zu schließen. Helmut Schmidt hat dazu gesagt: »Jede Bürokratie perpetuiert sich selbst.« Und auch im Kleinen sind wir nicht vor einer ausufernden Bürokratie geschützt. Ein einmal ins Leben gerufenes regelmäßiges Meeting ist schwer wieder abzuschaffen. So füllt sich der Terminkalender mit zeitraubenden Routinen, die oft in erster Linie ihrer selbst dienen. Nur in den wenigsten Organisationen gibt es eine regelmäßige Kehrwoche oder »Pit Stop« in der Sitzungen und Prozesse auf den Prüfstand gestellt werden. Viele Menschen sind aufgrund der Vielzahl von Sitzungen und endlosen Mengen an E-Mails überhaupt nicht mehr in der Lage selbst zu agieren, sie reagieren nur noch. Das drückt nicht nur das Betriebsklima, sondern ist auch tödlich für die Kreativität. Wie sollen in einem Unternehmen neue, bahnbrechende Ideen entstehen, wenn die Mitarbeiter immer entweder in einem Meeting oder vor ihrer Inbox sitzen? Es bleibt die Aufgabe des Asketen in uns, Räume für kreative Tätigkeiten zu schaffen und Routinen immer wieder zu hinterfragen.

NEIN! NEIN! NEIN
NEIN! NEIN! NEIN
NEIN! NEIN! NEIN
NEIN! JA NEIN
NEIN! NEIN
NEIN! NEIN! NEIN
NEIN! NEIN! NEIN
NEIN! NEIN! NEIN
NEIN! NEIN! NEIN
NEIN! NEIN! NEIN

»Die kürzesten Wörter, nämlich ›ja‹ und ›nein‹ erfordern das meiste Nachdenken.«
— Pythagoras

Es ist leicht, eine lange Liste mit all den Dingen zusammen zu stellen, auf die wir uns nicht konzentrieren. Gleichzeitig versuchen wir fast alle, mehr Aufgaben zu erledigen, als gut für uns ist. Mit jeder weiteren Verantwortung, die wir eingehen, leiden die Tätigkeiten, an denen wir schon arbeiten. Mit jedem zusätzlichen Projekt werden unsere bisherigen in ihrer Aufmerksamkeit geschwächt. Zu lernen »nein« zu sagen fällt uns schwer und dennoch ist es von bemerkenswerter Wichtigkeit für unsere Kreativität. Ob wir in der Lage sind, wirklich »nein« sagen zu können, merken wir nicht daran, was wir alles nicht tun, sondern an den Dingen, die wir wirklich gern getan hätten, trotzdem aber abgesagt haben. »Nein« zu sagen sollte keine begründete Ausnahme sein, sondern unsere Standardantwort. Erst dadurch, dass wir zu fast allem »nein« sagen, können die wenige Sachen, zu denen wir »ja« sagen, wirklich gelingen.

Um morgens besonders leicht in sein kreatives Schaffen hineinzukommen, hat Ernest Hemingway den letzten Satz seines Arbeitstags gern unvollendet gelassen. Er wusste morgens sofort, wo er weitermachen musste. Anstatt uns morgens direkt daran zu machen, unserer wesentlichsten Aufgabe nachzukommen, drängt die Schar der heutigen Kommunikationskanäle viele von uns erstmal in die Defensive. E-Mails und Messenger haben die Kommunikationskosten so sehr gesenkt, dass jeder von uns täglich mit Anfragen und Ideen bombardiert wird. Und es fällt uns leicht, unseren Arbeitstag damit zu beginnen, diese zu sichten. Beantworten wir gleich ein paar der Nachrichten, so haben wir ein kleines Glücksgefühl. Doch dieses Glücksgefühl ist trügerisch. Denn wir bringen unsere eigentliche Arbeit nicht voran und vergeuden unsere Energie in der Defensive. Statt den Tag damit zu beginnen auf Nachrichten zu reagieren, sollten wir alle Kanäle abstellen und an unserem wichtigsten Projekt arbeiten. Wenn wir später eine Pause brauchen, so können wir die Gelegenheit nutzen, um auf Mails oder Kurznachrichten zu antworten.

WER ABENDS ETWAS STEHEN LÄSST,
HAT MORGENS ETWAS ZUM ANPACKEN.

„DU BRAUCHST DEIN ZIMMER NICHT
ZU VERLASSEN,
BLEIB EINFACH AN DEINEM TISCH
SITZEN UND HORCHE.

DU BRAUCHST NICHT EINMAL ZU HORCHEN,
WARTE EINFACH.

DU BRAUCHST NICHT EINMAL ZU WARTEN,
WERDE EINFACH STILL
UND DIE WELT WIRD SICH OFFENBAREN,
UM DEMASKIERT ZU WERDEN;
SIE HAT KEINE ANDERE WAHL.

SIE WIRD SICH
IN EKSTASE
VOR DEINEN FÜSSEN WÄLZEN."

– FRANZ KAFKA (ZUGESCHRIEBEN)

So wie Franz Kafka, ist auch von Mozart, Tesla, Mann und Picasso überliefert, dass sie in Abgeschiedenheit und Einsamkeit am kreativsten arbeiten konnten. Mozart nutzte lange Kutschfahrten, um seine Gedanken zu sammeln und Kafka schrieb »Das Urteil« während einer einzigen, einsamen, nächtlichen Zugfahrt im Jahr 1912. Thomas Mann erklärte mal, dass Einsamkeit in seinen Augen die Grundlage für Originalität sei und Pablo Picasso soll gesagt haben, dass ohne Einsamkeit keine ernsthafte Arbeit möglich ist. Um Kreatives zu schaffen, müssen wir immer wieder Situationen der abgeschiedenen Ungestörtheit schaffen, Situationen, die es uns möglich machen, Impulse in Ruhe zu verarbeiten. Man muss kein Mönch oder Einsiedler sein, um in Einsamkeit arbeiten zu können. Vielmehr machen es heutige Kommunikationsmittel immer schwerer sich überhaupt auf ein inneres Zwiegespräch einzulassen. Wir müssen wieder lernen, uns zurückzuziehen und für eine gewisse Zeit alle Verbindungen zur Außenwelt zu kappen.

UND NUN
WAS TUN?

- Sich selbst einschränken. Statt sich an der Vielzahl von Werkzeugen und Möglichkeiten zu bedienen, hilft die bewusste Reduktion auf ein paar wenige Hilfsmittel. Diese sind leichter zu erlernen und zwingen zu einem kreativeren Umgang.
- Ergebnisse schrittweise vereinfachen. Die erste Version auf den Prüfstand stellen und alles kürzen und rausstreichen, was keinen wesentlichen Beitrag leistet. Den Vorgang mehrmals wiederholen bis das Ergebnis auf die Essenz reduziert wurde.
- Kleine Ziele setzen. Durch kleine erreichbare Ziele die Motivation hoch halten. Geringe Tagesziele motivieren dazu, täglich ans Werk zu gehen.
- Kehrwochen einführen. Welche Routinen werden wirklich noch gebraucht? Welche können mit anderen zusammengelegt werden? Welche sollten

erst mal ausgesetzt werden, um zu testen, ob sie wirklich essenziell sind?

- Situationen der Abgeschiedenheit schaffen. Momente der Ruhe und Zurückgezogenheit herstellen. Dafür sorgen, dass man durch nichts gestört werden kann und dass ein inneres Zwiegespräch entsteht.

T wie Träumer

Verflucht ihr dunklen Gifte,
Weißer Schlaf!
Dieser höchst seltsame Garten
Dämmernder Bäume
Erfüllt von Schlangen, Nachtfaltern,
Spinnen, Fledermäusen.
Fremdling! Dein verlorner Schatten
Im Abendrot,
Ein finsterer Korsar
Im salzigen Meer der Trübsal.
Aufflattern weiße Vögel am Nachtsaum
Über stürzenden Städten
Von Stahl.

Georg Trakl *(1887 – 1914)*

Wir alle haben Ideen, die wir aktuell nicht realisieren können. Projekte, für die momentan keine Ressourcen zur Verfügung stehen, Träume, die wir aktuell nicht umsetzen können oder Gedanken, deren Zeit noch nicht reif ist. Aus diesen Ideen ergeben sich keine konkreten Handlungen, meistens versanden sie. Doch nur wenn wir diese Ideen festhalten, haben wir die Chance, sie später systematisch zu analysieren und möglicherweise doch umzusetzen. Viele Musiker, so wie etwa James Taylor, tragen dazu Diktiergeräte mit sich herum. Sie können Melodien oder Texte festhalten, wenn sie ihnen einfallen. Autoren wie Ernest Hemingway oder James Joyce füllten Notizbücher mit Gedanken und Beobachtungen, die oft erst in späteren Werke wieder zum Einsatz kamen. Es ist wichtig, eine Routine zu entwickeln, um Ideen für später festzuhalten und diese Ideensilos regelmäßig zu überprüfen. Was gestern noch illusorisch schien, mag heute schon umsetzbar sein, aber nur wenn wir uns noch erinnern.

»Alle Menschen haben die Anlage,
schöpferisch tätig zu sein.
Nur merken es die meisten nie.«
— Truman Capote

Kreativität beginnt mit der inneren Einstellung, damit zu verstehen, dass wir alle in unserem Innersten kreativ sind. Nicht selten hören wir Sätze wie »Ich bin eben einfach nicht kreativ.« Augenblicke später sieht man die gleiche Person etwa beim Kochen. Mit viel Fantasie wird vom vorgegebenen Rezept abgewichen und in Ermangelung einer bestimmten Zutat werden andere gekonnt kombiniert. Wir alle haben Lebensbereiche, in denen wir kreativ sind. Und seien es nur kleine Felder, wie die Fähigkeit, ungewöhnliche Geschenke zu machen oder humorvolle Postkarten zu schreiben. Wir müssen uns diese Bereiche vor Augen führen. Denn sie helfen zu verstehen, dass Kreativität keine Fähigkeit ist, die man noch erlernen muss, sondern etwas, das man lediglich aus dem Gefängnis der eigenen Unsicherheit befreien braucht.

»Schlaf ist für den Menschen, was das Aufziehen für die Uhr.«
— Arthur Schopenhauer

Der Maler Jasper Johns hatte die Eingebung für seine Flaggenbilder während er schlief, Paul McCartney erträumte das Lied »Yesterday« und Jack Nicklaus sah in einem Traum, wie er seinen Golfschwung verbessern könnte. Eine Studie von 1988 zeigt, wie der Mangel an Schlaf unsere Kreativität beeinträchtigt. Zwei Gruppen wurden einem verbalen und einem zeichnerischen Test unterzogen. Die Gruppe mit mehr Schlaf konnte in beiden Fällen kreativere Ergebnisse liefern. Wer kreative Aufgaben zu erledigen hat, sollte also zusehen, genug Schlaf zu bekommen. Auch der Prozess des Schlafengehens kann zu kreativen Einsichten führen. Während des Einschlafens und der damit einhergehenden Entspannung fällt es uns leicht, vorher unbekannte Lösungen zu erdenken. Wer sich ein Notizheft auf den Nachttisch legt, kann diese Einfälle festhalten, denn oft haben wir sie am nächsten Morgen wieder vergessen.

»I got my feet on the ground
but my head's in the clouds.«
— The White Tie Affair

Auch wer fest im Leben steht, dessen Gedanken driften immer wieder ab. Wir alle haben Tagträume. Schon Sigmund Freud nahm an, dass diese Träume essenziell für kreative Tätigkeiten sind. Inzwischen sind Tagträume ein großer Forschungsstrang in den Neurowissenschaften. Nur ein Teil dessen, was wir als Kreativität verstehen, ist für uns im Prozess sichtbar. Wie bei einem Eisberg liegt ein Großteil im Verborgenen. Schweifen unsere Gedanken, etwa beim Lesen eines Textes ab, so ist unser Kopf damit beschäftigt, Verbindungen herzustellen. Dabei ist es uns selbst überlassen, wie stark wir diesen Gedanken folgen. In unserer zielorientierten Gesellschaft laufen wir Gefahr, unsere Tagträume zu unterdrücken. Träume sind Quelle für Inspiration. Wir sollten uns immer wieder die Zeit nehmen, hinzuhören.

Im Improvisationstheater gilt grundsätzlich, dass jede Idee angenommen werden muss. Egal was der Bühnenpartner sich ausdenkt, man kann nicht sagen: »Gefällt mir nicht, lass uns bitte was anderes machen.« Man muss die Idee aufnehmen und weiterentwickeln. Oftmals entstehen die besten Situationen dabei aus der Weiterentwicklung einer anfangs bescheidenen Idee. Wenn man in einer Gruppe Ideen entwickelt, dann geht es nicht darum, im ersten Schritt technische Schwierigkeiten auf den Tisch zu bringen, sondern darum, einen möglichst großen Lösungsraum zu schaffen. Oft hilft es schon, ein gedachtes »aber« durch ein ausgesprochenes »und« zu ersetzen. Statt: »Gute Idee, aber ich würde das größer machen.« sagt man also: »Gute Idee und ich würde das noch größer machen.« Durch ein »und« klingt die eigene Ergänzung als sei sie Teil der Lösung. Bei einem »aber« klingt sie, als sei sie eine Kritik. Ideen sind fragil, zu schnell packen wir die Abrissbirne aus und zerstören durch gut gemeinte Bedenken einen Vorschlag, aus dem, mit etwas mehr Sorgfalt, viel mehr hätte werden können.

»Die Erfahrung lehrt uns, dass die einzelnen Farben besondere Gemütsstimmungen geben.«
— Johann Wolfgang von Goethe

Wer einmal in Weimar die Goethe'sche Wohnung besucht hat, weiß, dass Goethe seine einzelnen Zimmer in verschiedenen Farben streichen ließ. Er nutzte unterschiedlichen Räume für unterschiedliche Tätigkeiten. Und tatsächlich zeigt eine Studie von 2009, dass die Farben, die uns umgeben, einen Einfluss auf unser Denken haben. So waren Probanden in der Lage doppelt so viele kreative Aufgaben zu lösen, wenn man sie in einen blauen Raum setzte. Blau wirkt beruhigend und regt so unsere Fähigkeit zu assoziieren an. Rot ist dagegen eine Farbe, die Menschen in Alarmbereitschaft versetzt. In roten Räumen sind wir angespannter und konzentrierter und daher besser bei analytischen Aufgaben. Wer nicht gleich seine Wohnung neu streichen möchte, der sollte sich dennoch die Wirkung seiner Umgebung auf seine Tätigkeit bewusst machen. Manchmal wirkt ein Ortswechsel Wunder.

Franz Kafka verkaufte zu Lebzeiten so wenige Texte, dass man ihn nicht weiter verlegte. F. Scott Fitzgerald starb im Glauben, als Autor eine Enttäuschung gewesen zu sein und Vincent van Gogh schaffte es nur selten, ein Bild an den Mann zu bringen. Das klingt heute amüsant, zeigt aber, dass große Ideen oft ihrer Zeit voraus sind. Das kann man kaum ändern, kann aber lernen, damit umzugehen. Statt radikale Pläne zu erdenken und Andere damit zu überfordern, kann man sie schrittweise gewinnen, indem man Teilerfolge zeigt und auf dem Weg Unterstützer um sich versammelt. Aus der Marktpsychologie stammt das »MAYA-Prinzip«, das für »Most Advanced Yet Acceptable« steht. Sinngemäß bedeutet es, so neuartig, wie gerade noch akzeptabel. Übertragen auf kreative Tätigkeiten rät uns das MAYA-Prinzip Kompromisse einzugehen und in Sachen Neuartigkeit gemäßigt zu beginnen. Dies kann helfen, den Fuß überhaupt erst in die Tür zu bekommen. Oft ist dies ein sinnvoller erster Schritt. Die ursprüngliche Idee, die größer und radikaler war, lässt sich dann iterativ umsetzen, wenn man es geschafft hat, Mitstreiter für die gemäßigtere Version zu gewinnen.

IMMER, WENN ER SICH KONZENTRIEREN MUSSTE, GING ER IN SEINE KISTE.

Räume bestimmen die Architektur des Denkens viel mehr, als wir dies wahrnehmen. Joan Meyers-Levy hat in einer Studie die Auswirkungen von Raumhöhen auf unser kreatives Potenzial untersucht. Dabei hat sie 100 Teilnehmer in zwei Gruppen geteilt. Die erste Gruppe arbeitete in einem Raum, der 2,40 Meter hoch war, die zweite Gruppe in einem Raum, der mehr als drei Meter maß. Alle Teilnehmer hatten die Aufgabe, Gegenstände in selbstgewählte Kategorien einzusortieren. Die Ergebnisse der beiden Gruppe unterschieden sich merklich: Arbeiten im hohen Raum waren abstrakter und freier, während die Ergebnisse aus dem niedrigeren Raum präziser und analytischer waren. Der Raum, der uns umgibt, hat Einfluss auf unser Denken. Prinzipiell gilt, dass wir uns leichter tun, analytische Aufgaben in engeren Räumen zu erarbeiten, während weite Räume unsere Kreativität und freies Assoziieren anregen. Wer eine bestimmte Tätigkeit zu erledigen hat, kann schon durch die Wahl des Raumes Einfluss auf das Ergebnis nehmen.

Graham Wallas' Buch »The Art of Thought« von 1926 gilt heute als einer der wenigen Klassiker der Kreativitätsliteratur. Der Autor stellt darin einen Prozess vor, der das kreative Schaffen in vier Phasen unterteilt. Die erste Phase dient der *Vorbereitung*, wir informieren uns über das Problem und seinen Kontext. Die zweite Phase nennt Wallas *Inkubation*. Hier beschäftigt man sich mit anderen Dingen. Das Problem bleibt im Hinterkopf, wird unbewusst verarbeitet. Impulse und Eindrücke, die wir in der Zwischenzeit sammeln, werden ohne unser aktives Zutun auf das Problem angewendet. Passt eine Verknüpfung, so haben wir das Gefühl eines Geistesblitzes. Dieser, von Wallas *Erleuchtung* genannt, ist das Ergebnis eines Reifungsprozesses. Die etlichen falschen Assoziationen registrieren wir nicht so, wie den guten Einfall. Die letzte Phase des Prozesses dient der *Verifikation*. Hier testen wir, ob der Einfall sich umsetzen lässt. Ist Phase vier abgeschlossen, beginnt der Prozess mit einem neuen Problem. Wichtig ist zu verstehen, dass kreative Einfälle oft erst entstehen, wenn man das Problem ein wenig hat ruhen lassen. Statt ein Ergebnis erzwingen zu wollen, lohnt es sich oft, den Kopf frei zu bekommen und sich mit etwas Anderem zu beschäftigen.

1.
2.
3.
4.

»Die Lösung ist immer einfach, man muss sie nur finden.«
— Alexander Solschenizyn

Wir haben die Tendenz, die Lösung eines bestimmten Problems demjenigen zuzutrauen, dem wir die größte Kompetenz auf dem entsprechenden Gebiet zuschreiben. Doch die Forschung zeigt, dass Vorwissen oft hemmend wirkt. In anderen Worten: Wer zu viel weiß, der sieht den Wald vor lauter Bäumen nicht. Neue Lösungen entstehen oft erst, wenn man Experten mit Menschen zusammenbringt, die genug Wissen über das Fachgebiet haben, um mitreden zu können, eigentlich aber aus einem anderen Gebiet kommen. Der neue Blickwinkel und das Wissen aus einem verwandten Gebiet ermöglichen es, neue Wege zu beschreiten. Auch in der Natur ist die Artenvielfalt am höchsten, wenn eine Landschaftsform in eine andere übergeht, wie etwa am Waldrand. Crowdsourcing-Plattformen wie Innocentive zeigen, dass große Ideensprünge meist aus verwandten oder angrenzenden Gebieten kommen. Die Herausforderung besteht darin, Experten aus diesen Gebieten zu finden und in den Prozess einzubeziehen.

»Die ganze Mannigfaltigkeit, der ganze Reiz und die ganze Schönheit des Lebens setzen sich aus Licht und Schatten zusammen.«
— Leo Tolstoi

In einem Artikel in der »Zeit« schrieb der Journalist Harald Martenstein mal, dass er zum Schreiben gerne das Licht ausmacht. Und tatsächlich zeigt eine Studie von Lioba Werth, dass die Lichtverhältnisse einen großen Einfluss auf unsere Kreativität haben. So fördert Dämmerlicht kreatives Denken, während sehr helles Licht unsere analytischen Fähigkeiten unterstützt. In einem Experiment sollten Teilnehmer einen Außerirdischen zeichnen. Im Dämmerlicht von 150 Lux entstanden ausgefallene, abstrakte Kreaturen, bei heller Beleuchtung von 1.500 Lux waren die Zeichnungen viel menschenähnlicher, detaillierter und weniger fantasiereich. Nur selten machen wir uns klar, dass die Beleuchtung unser Denken beeinflusst. Die weit verbreitete Neonröhre in heutigen Bürowelten erschwert wahre Kreativität. Denn oft kann weniger Licht für mehr Erkenntnis sorgen.

UND NUN
WAS TUN?

- Silos für Träume schaffen. Ideen, die aktuell nicht umgesetzt werden können, festhalten und regelmäßig wieder auf Umsetzbarkeit prüfen.
- Räume für bestimmte Tätigkeiten wählen. Verstehen, welchen Einfluss unsere Umgebung auf unser Schaffen hat. Räume wählen, die die eigene Tätigkeit unterstützen. Räume für unterschiedliche Aufgaben wechseln.
- Genug schlafen.
- Auf die Träume anderer aufbauen. Ideen Anderer weiterentwickeln, anstatt diese früh mit der argumentativen Abrissbirne einzureißen. Ideen brauchen viel Zuneigung.
- Die eigenen Träume schrittweise verkaufen. Anstatt alle mit einer radikalen Vision zu überfordern, besser Schritt für Schritt die eigenen Ideen in die Wirklichkeit tragen.

- Sich auf Tagträume einlassen. Unserem Gehirn die Möglichkeit einräumen, Verbindungen zu knüpfen. Gelegenheiten für Tagträume schaffen und nicht ständig beschäftigt sein.
- Probleme inkubieren. Nicht sofort Lösungen erzwingen, sondern der Sache Zeit geben. Unterbewusstes Verknüpfen zulassen, denn manche Probleme lösen sich tatsächlich im Schlaf.

WIE
MITATOR

WIE
MITATOR

Eene, Tene Tintenfass,
Jeh nach Schul‘ und lerne was,
Lernste was, dann kannste was,
Kannste was, denn biste was,
Biste was, dann haste was,
Eene, Tene Tintenfass

Berliner Abzählreim

ALLES IST EIN
KOPIE EINER KOPI
KOPIE EINER KOPI
KOPIE EINER KOPI
KOPIE EINER KOPI
KOPIE EINER KOPI
KOPIE EINER KOPI
KOPIE EINER KOPI
KOPIE EINER KOPI
KOPIE EINER KOPI

Schon in Platons »Politeia« argumentiert Sokrates, dass alles in der Welt ein Imitat ist, da alles ein Echo oder eine Reproduktion einer Idee sei, die selbst schwerer wiegt als ihre physikalische Manifestation. Das galt damals ebenso wie heute: Nichts ist wirklich neu. Die besten Ideen sind eigentlich immer Rekombinationen bereits bestehender Konzepte. Doch leben wir heute in einer Gesellschaft, in der Originalität die zentrale These vieler Werbebotschaften ist. So sind wir immer wieder auf der Suche nach dem neuen, nie dagewesenen Einfall und übersehen, dass selbst die besten Ideen aus bekannten Bausteinen bestehen. Die gekonnte Rekombination dieser Bausteine ist wesentlicher Bestandteil des kreativen Prozesses. George Lucas‘ »Star Wars«, Mozarts »Zauberflöte« und das Videospiel »Mario Brothers« werden von uns als originell gefeiert, erzählen jedoch alle drei eine ähnliche Geschichte: Zwei Männer erleben gemeinsame Abenteuer beim Versuch eine Prinzessin zu befreien. Erhöht man die Distanz, so lassen sich immer wieder ähnliche Grundmuster erkennen. Es geht dabei nicht ums Kopieren, sondern ums Kapieren, denn kreative Imitation war und ist stets eine wesentliche Inspirationsquelle.

Egal ob bei akademischen Abschlussarbeiten oder beim Gründen neuer Firmen, der Mensch strebt nach radikal Neuem. Gerne präsentieren wir frisch Erdachtes enthusiastisch als grundlegend neu, gerne auch als revolutionär. Nach Tagen der Euphorie und ersten Recherchen folgt meist die Ernüchterung: Das alles war, in ähnlicher Form, schon einmal da. Es folgt eine Phase Trübsal darüber, dass man doch nicht Erster war mit diesem Gedanken. Doch in aller Regel ist es viel angebrachter eine bestehende Idee weiterzuentwickeln, als bei null zu beginnen. Man kann mit den Fragen starten, was man anders machen kann oder wie das Ganze robuster, eleganter, schneller, sicherer, günstiger oder verständlicher gemacht werden kann. Die Überzeugung, eine wirklich neue Idee zu haben, ist oft ein sicheres Zeichen dafür, dass man noch nicht lang genug recherchiert hat. Alternativ sollte es stutzig machen, wenn man wirklich etwas gefunden hat, das noch niemand vorher versucht hat. Die Wahrscheinlichkeit dafür, dass es sich um eine schlechte Idee handelt, ist deutlich größer als die Wahrscheinlichkeit dafür, dass man einen klügeren Einfall hatte als alle andern.

»Nur diejenigen, die keine Erinnerung haben, bestehen auf ihre Originalität.«
— Coco Chanel

Thomas Edison hat die Glühbirne nicht erfunden. Sein erstes Patent dazu heißt »Improvements in Electric Light« (Pat.# US214,636). Das erste Album der Rolling Stones enthielt ausschließlich Coversongs und Bob Dylans erstes Album hatte fünfmal so viele Coverversionen wie eigene Stücke. Der kreative, geniale Einfall kommt nicht aus dem Nichts, sondern lässt sich auf drei Grundformen zurückführen: *kopieren, transformieren* und *kombinieren*. Dabei durchlaufen wir alle einen kreativen Lernprozess. Bands beginnen nicht als Coverbands, weil dies der schnelle Weg zum Erfolg ist, sondern weil sie so das Handwerk lernen. Können sie kopieren, so wird im nächsten Schritt transformiert. Hier wird von der Vorgabe abgewichen, es werden eigene Ideen hinzugefügt. Und erst wenn man auch dazu in der Lage ist, kann man beginnen zu kombinieren. Kombinieren bedeutet Dinge zusammenzubringen, die vorher nicht zusammengehörten und dadurch etwas Neues zu schaffen.

COPY
&PASTE

»Es kommt nicht darauf an,
wo wir Dinge herholen,
sondern wo wir sie hinbringen.«
— Jean-Luc Goddard (zugeschrieben)

Gregg Michael Gillis ist im Internet besser bekannt unter seinem Pseudonym »Girl Talk«. Der Pittsburgher mischt bekannte Songs und elektronische Samples zu neuen Kompositionen zusammen, die millionenfach gehört werden. Was urheberrechtlich als problematisch gilt, trifft in seiner schnellen Abfolge und komprimierten Form den Zeitgeist einer Generation, die Langspielplatten nur noch von ihren Großeltern kennt. Die kreative Leistung Gillis' liegt vor allem darin, eine Unmenge an Quellen zu einem ganz neuen Klangerlebnis zusammenzubauen. Die durch das Internet zur Verfügung stehende Flut an Informationen eröffnet uns neue Möglichkeiten, bereits Existierendes neu zu kombinieren. Das Potenzial dieser *Remixkultur* ist heute kaum abzuschätzen. Ein Gespräch mit ein paar Teenagern über deren Medienkonsum kann aber dabei helfen, das aktuelle Ausmaß dieses Phänomens zu verstehen.

Quentin Tarantino hat in seinem Haus einen großen Raum in dem er alles sammelt, was er für spätere Filme verwenden könnte. Von alten Plakaten über Schallplatten bis hin zu Figuren und Etiketten findet sich hier all das, was der Regisseur sich irgendwie in einem seiner Filme vorstellen kann. Tarantino ist kein Einzelfall. Viele Künstler und Kreative sammeln für den eventuellen späteren Einsatz. So beginnen sie ein neues Projekt nicht mit leeren Händen, sondern können sich frei im eigenen Archiv bedienen. David Bowie geht sogar weiter und behauptet, sich *ausschließlich* mit Kunst auseinanderzusetzen, von der er stehlen kann. Wir wissen nicht, welche Fragestellungen in Zukunft auf uns warten, aber wir wissen, was uns gefällt und was uns inspiriert. Nicht jeder braucht einen ganzen Raum für seine Sammlung. Moderne Technologien machen es einfach, Ideen, Konzepte, Bilder, Klänge und Filme zu speichern und so abzulegen, dass man sie später auch wiederfindet. Inzwischen tragen wir alle einen anständigen Fotoapparat in unserer Hosentasche. Statt uns damit ständig selbst zu fotografieren, sollten wir all das festhalten, was wir später mal verwenden können.

Geigensaiten und -griffbretter werden traditionell mit Spiritus gereinigt. Junge Geigenspieler haben Hemmungen mit dem leicht entzündlichen Alkohol an ihre teuren Instrumente zu gehen. Zudem ist das Mitführen einer Spiritusflasche unterwegs nicht immer ratsam. Lange war der Geigenbauer Simon Goetz auf der Suche nach einer besseren Lösung. Bis er eines Tages ein einzeln abgepacktes Reinigungstuch für seine Hände nutzte. Goetz' heutige Reinigungstücher funktionieren nach dem gleichen Prinzip: Jedes Tuch ist einzeln verpackt. Eine Analogie ist die Übersetzung einer bereits bestehenden Lösung in einen neuen Kontext. So funktioniert die Dampfmaschine wie ein Teekessel und der Klettverschluss wie die namensgebende Klette. Analogien sind Imitate für einen neuen Verwendungszweck und spielen eine wesentliche Rolle in kreativen Prozessen. Die Herausforderung besteht darin, die Lösung dort zu suchen, wo sie sich am Ende versteckt. Tom Kelley, Gründer der Designfirma IDEO, geht regelmäßig in Spielzeugläden, um sich für zukünftige Problemlösungen inspirieren zu lassen. Denn fremde Kontexte führen über Analogien zu vorher unbekannten Lösungen.

»Das Lachen ist die Sonne,
die aus dem menschlichen
Antlitz den Winter vertreibt.«
— Victor Hugo

Die Metapher, mit der Analogie eng verwandt, ist ein rhetorisches Instrument, das ein Konzept in einem (neuen) Wissensgebiet durch einen Begriff aus einen bekannten Wissensgebiet beschreibt. Wir finden Metaphern in nahezu allen Kontexten. Beispiele sind: Data Mining, die Computermaus, die Warteschlange, Schnee von gestern oder Opium fürs Volk. Die Metapher ist ein beliebtes Instrument, um einen komplexen Zusammenhang leicht verständlich, durch etwas Bekanntes, auszudrücken. Jedoch müssen wir uns bewusst sein, dass eine Metapher unser Denken beeinflusst. Schnell suchen wir Lösungen im Kontext einer gewählten Metapher und schränken uns damit unnötig ein. Wenn wir in der Lage sind, zwischen einer Metapher und dem eigentlichen Konzept hin und her zu wechseln, so können Metaphern zu einem wichtigen Hilfsmittel im kreativen Prozess werden.

Unsere Fähigkeit, Brücken zu Neuem zu bauen, lässt sich von außen beeinflussen. Denkblockaden können wir dadurch lösen, dass wir uns einem neuen Impuls aussetzen. In Gruppenarbeiten ist diese Technik besonders sinnvoll. Denn sie hilft, eingefahrene Debatten aufzulösen und das Denken in eine neue Richtung zu bewegen. So kann eine Gruppe, die länger an einem Problem gearbeitet hat, durch einen Gegenstand (gern auch einen skurrilen), ein Video oder einen fremden Text zu neuen Assoziationen geführt werden. Anstatt die Gruppe von Beginn an mit einer Vielzahl an Einflüssen zu überfordern, ist es sinnvoll, kognitive Blockaden durch neue Inspirationsquellen zu lösen. Viertel- bis halbstündige Impulse sorgen dafür, dass Diskussionen nicht versanden, dass alle Teilnehmer aktiviert bleiben. Zudem sorgen die Impulse dafür, dass in der Gruppe keine Langeweile aufkommt. Werden Impulse nach und nach an eine Gruppe herangetragen, so kann man zudem sicherstellen, dass jeder einzelne Impuls wahrgenommen und verarbeitet wird.

„IDEEN SIND WIE KARNICKEL.
DU BESORGST DIR EIN PAAR,
LERNST DAMIT UMZUGEHEN
UND BALD HAST DU EIN DUTZEND.“
– JOHN STEINBECK

»Garbage in, Garbage out« sagt der Informatiker, um darauf hinzuweisen, dass wir Mist immer noch nicht in Gold verwandeln können. Für kreative Prozesse gilt dies ebenso wie für die Datenverarbeitung. Wer seine Inspiration in unterdurchschnittlichen Mitstreitern sucht, auf schlechte Quellen vertraut und Lösungen von mittelmäßigen Werken übernimmt, dem gelingt voraussichtlich kein großer Wurf. Denn Mittelmaß erzeugt Mittelmaß. Wir wissen, dass der kreative Prozess stets auf bereits bestehenden Ideen aufbaut. Und weil das so ist, sollte die Auswahl dessen, woran wir uns bedienen, so rigoros wie möglich gestaltet werden. Hunter S. Thompson hat mal auf einer Schreibmaschine das komplette Buch »The Great Gatsby« abgetippt, nur um zu erleben, wie es sich anfühlen würde, ein bedeutendes Buch zu schreiben. Steve Jobs bestellte seine Waschmaschinen in Deutschland bei der Firma Miele, weil er die US-amerikanischen Alternativen in seinem Haushalt nicht ertragen wollte. Unser eigenes Schaffen hängt stets von dem ab, von dem wir uns inspirieren lassen, von dem, was uns tagtäglich umgibt.

UND NUN
WAS TUN?

- Archiv anlegen. Ganz gleich welcher Tätigkeit man nachgeht, jeder kann von einem Archiv mit Ideen, Konzepten oder Rezepten für später profitieren.
- Nicht bei null anfangen. Die besten Ideen bauen auf bewerten Konzepten auf. Es ist viel sinnvoller, etwas Anschlussfähiges zu entwickeln, als alles von Grund auf neu zu erarbeiten.
- Die Kraft von Analogien nutzen. Viele Lösungen existieren schon in anderen Kontexten. Statt selbst eine völlig neue Lösung zu entwickeln, lohnt es sich zu prüfen, wer ein anderes aber verwandtes Problem bereits gelöst hat.
- Metaphern erkennen. Aus der Logik bestehender Metaphern befreien und wenn möglich neue Metaphern schaffen, um neue Lösungsräume zu eröffnen.

- Sich mit inspirierenden Dingen umgeben. Von Ideen lernen, die einen beeindrucken. Inspiration in Lösungen suchen, die es wert sind, imitiert zu werden.
- Denkblockaden durch neue Impulse lösen. Gruppen in regelmäßigen Abständen mit neuen Materialen versorgen, die die Frage aufwerfen: »Was kann man hier imitieren?«

V
WIE
VIRTUOSE

Keiner kann im leichten Spiel
Dieses Lebens Preis erjagen;
Fest ins Auge fass‘ dein Ziel,
Bis die Pulse höher schlagen
Und sich dir an Fuß und Hand
Wieder straff die Sehne spannt.

Julius Sturm *(1816 – 1896)*

»Die Talente sind oft gar nicht so ungleich, im Fleiß und im Charakter liegen die Unterschiede.«
— Theodor Fontane

Expertise ergibt sich aus steter Wiederholung, Übung und Ausdauer. Untersuchungen zeigen, dass es mehr als 10.000 Stunden des Spielens bedarf, um ein Schachgroßmeister zu werden. Und auch in anderen Disziplinen ist diese Zahl immer wieder zu finden. So nimmt Malcom Gladwells in »Outliers« mehrfach Bezug auf die Regel der 10.000 Stunden. Während harte Arbeit allein kein Erfolgsgarant ist, lässt sich doch zeigen, dass viele, die wir als kreative Köpfe feiern, vor ihrem Erfolg eine lange Periode exzessiven Übens hatten. So haben die Beatles in ihrer frühen Phase in Hamburg 1.200 Konzerte gegeben, ehe sie ihren großen Durchbruch feiern konnten. Das Buch »Jim Knopf und Lukas der Lokomotivführer« wurde von zwölf Verlagen abgelehnt, ehe es 1960 erscheinen konnte. Niemand wird erfolgreich, nur weil man 10.000 Stunden geübt hat. Doch wer erfolgreich ist, war in aller Regel hartnäckig und sehr fleißig.

Je größer die individuelle Erfahrung in einer bestimmten Domäne, desto größer auch die eigene Inflexibilität, Dinge anders zu machen. Wer weiß, dass er viel weiß, ist nur schwer von bekannten Lösungen abzubringen. Gleichzeitig ist es aber wesentlich, auf das Wissen erfahrener Personen zurückgreifen zu können. Dies gilt besonders, wenn wir in Gruppen zusammenarbeiten. Für die Gruppendynamik ist es hilfreich, junge Unerfahrene mit älteren Erfahreneren zusammenzubringen. Dabei muss dafür gesorgt werden, dass Rang und Länge der »Betriebszugehörigkeit« keine Privilegien sind. Die Meinung jedes einzelnen Teilnehmers muss Gehör finden. Unerfahrene lernen im direkten Austausch schnell, müssen Fehler nicht selbst machen und merken, dass ihre Meinung zählt. Oft kommen neue Impulse aus dieser unerfahrenen Leichtigkeit. Denn man hat keine Angst, selbst etablierte Prozesse zu hinterfragen. Alte Hasen tun dagegen gut daran, die Impulse der Jüngeren aufzunehmen und auch nach viel Erfahrung das eigene Denken immer wieder infrage zu stellen. Erfahrung allein ist nicht so wertvoll, wie die Fähigkeit sich auch mal von der eigenen Erfahrung zu befreien.

»Die Kraft, große Dinge zu entscheiden, kommt aus der ununterbrochenen Beobachtung der kleinen Dinge.«
— Gerd Bucerius

Man sagt bekanntlich, der Teufel stecke im Detail. Doch durch unsere beschleunigte Arbeitswelt, ständige Verfügbarkeit und das Engagement in zahlreichen Projekten sind wir zu gehetzt, um Details überhaupt noch wahrzunehmen. Wir eilen durch unser Leben, ohne uns erinnern zu können. Welche Farbe hatte die Tür unseres gestrigen Hotelzimmers, grau, orange, braun? Welchen Schuh ziehen wir normalerweise zuerst an? Wann haben wir das letzte Mal nichts getan? Das Hier und Jetzt mit mehr Aufmerksamkeit zu studieren, hilft, vorher ungekannte Assoziationen zu knüpfen, hilft beim Priorisieren und dabei, kreative Lösungen zu entwickeln. Details, die Kleinigkeiten, die wir auf unserer Jagd nach dem großen Ganzen übersehen, enthalten oft die wichtigsten Hinweise. Kreativität entsteht dadurch, langsam zu gehen, Dinge genau zu betrachten und sich die Zeit zu nehmen, die wir brauchen, um Details zu verstehen. Meist können wir erst dann sinnvolle Verknüpfungen herstellen.

KONKURRENZ BELEBT DAS GESCHÄFT.

Zusammenarbeit und Konkurrenz gehen bei kreativen Tätigkeiten nicht selten miteinander einher. Untersuchungen besonders kreativer Köpfe zeigen, dass diese vielfach in einer sehr engen Beziehung zu einem vermeintlichen Konkurrenten stehen. Dieser Austausch spornt dabei nicht nur an, im Sinne eines Wettkampfes, sondern bringt auch wesentliche Verbesserungsvorschläge mit sich. Beispiele hierfür sind Albert Einstein und Niels Bohr, Aaron Copland und Leonard Bernstein, Jean-Paul Sartre und Simone de Beauvoir, Marie und Pierre Curie, sowie Pablo Picasso und Georges Braque. Ein Sparringspartner, der in einer ähnlichen Situation ist, gibt anderes Feedback als ein außenstehender Dritter. Zum einen, weil dieses Feedback sich am eigenen Schaffen spiegelt: Der Sparringspartner kann also stets argumentieren, wie er selbst in einer bestimmten Situation entscheiden würde. Zum anderen, weil man das gegenseitige Werk über eine lange Strecke verfolgt hat: Kritik oder Anregungen sind also weniger Momentaufnahmen als Reflexionen über die kreative Entwicklung. Aus diesen beiden Gründen ist diese Form des Feedbacks enorm wertvoll.

Die Wenigsten von uns arbeiten alleine. In aller Regel sind wir in kleinen Gruppen beziehungsweise Teams tätig. Es gibt etliche Studien zur optimalen Teamzusammensetzung. Ideale, kreative Teams sollten möglichst heterogen besetzt, nicht zu groß sein und nur eine absehbare Zeit zusammenarbeiten. Heterogenität sorgt dafür, dass das Team auf verschiedene *Wissenspools* zugreifen kann. Homogenität dagegen sorgt zwar dafür, dass die Leute sich gut verstehen. Da aber alle ähnliche Hintergründe haben, können sie sich nicht so gut inspirieren. Gruppengrößen von drei bis sieben Personen stellen sicher, dass jeder Teilnehmer einen wesentlichen Beitrag einbringt. Gruppen, die so groß sind, dass einzelne Teilnehmer nicht zu Wort kommen, verbrennen Unmengen an Ressourcen. Der Zusammenhang zwischen der Arbeitsleistung und der gemeinsam verbrachten Zeit eines Teams gleicht einem auf dem Kopf stehenden U. Zu Beginn muss die Gruppe sich finden, um produktiv arbeiten zu können. Wird die Gruppe zwischendurch nicht durch neue Mitglieder »verjüngt«, so leidet irgendwann die Motivation und die Produktivität geht wieder zurück.

Feedbackrunden verkommen oft zu Rechtfertigungswettbewerben. Dabei versuchen die Kritisierten so viele Argumente zu entkräften, wie sie zu fassen bekommen. Um dieser Situation zu entgehen, kann es helfen, diejenigen, für die das Feedback gedacht ist, mit dem Rücken zur Gruppe zu setzen. Es findet keine Frage-Antwort-Runde statt, sondern ein Gespräch der Feedbackgeber untereinander. Diese besprechen beobachtete Probleme und versuchen, gleichzeitig Lösungsansätze zu liefern, Ansätze, die die Talente und Fähigkeiten des Feedbackempfängers adressieren und so eine Plattform für weiteres Arbeiten bieten. Der Feedbackempfänger hört zu, darf sich aber erstmal nicht äußern. Stumm zuzuhören und zu reflektieren, offenbart mitunter unbekannte Missverständnisse und gibt völlig neue Einblicke in das eigene Schaffen. Häufig wird erst durch das aufmerksame Zuhören klar, dass die Gedanken, die man im eigenen Kopf hat, bei anderen so nicht angekommen sind. Statt direkt zu erklären, was man eigentlich gemeint hat, hilft es einen Schritt zurückzutreten und zu reflektieren, warum man nicht richtig verstanden wurde.

Zustimmung hat noch nie etwas verbessert. Natürlich sind wir geschmeichelt, wenn unsere Arbeit positiv aufgenommen wird. Aber kein Werk der Welt ist je dadurch besser geworden, dass jemand es gelobt hat. Deshalb ist es sinnvoller, direkt um Kritik zu bitten: »Was würdest Du anders machen?« »Was gefällt Dir nicht?« »Was meinst Du sind aktuell die wesentlichen Schwachpunkte?« Kritik ist erst dann etwas wert, wenn sie uns Fehler offenbart und zeigt, woran noch gearbeitet werden kann. Kreativität ist ein schrittweiser und langsamer Prozess, bei dem für die Beteiligten das Ergebnis noch nicht klar ist. Jede kleine Verbesserung trägt dazu bei, dass dieses Ergebnis irgendwann konkret wird. Manche Menschen möchten uns nicht verletzen und sagen daher nichts Kritisches, andere möchten sich nicht die Mühe machen, die man aufbringen muss, um Kritik zu formulieren. Der Virtuose in uns ist nicht nur dafür zuständig, Feedback von ganz unterschiedlichen Menschen einzusammeln, sondern auch dafür, auf Kritik zu bestehen. Ist jemand partout nicht imstande, etwas zu kritisieren, so müssen wir andernorts weiter nach Feedback suchen.

„FEEDBACK IST DAS FRÜHSTÜCK
DER CHAMPIONS."
–KEN BLANCHARD

FACTORY

Kreativität wird gerne mit Chaos assoziiert. Doch letztendlich ist eine Idee nur so viel wert wie das Ergebnis, das aus ihr entsteht. Ein guter Einfall, der nicht den Kontakt mit der Realität überlebt, hat keinen Wert. Wenn wir von Kreativität sprechen, so denken wir an ausgefallene Ideen und nie dagewesene Konzepte und vergessen dabei, dass Kreativität immer auch Produktivität bedeutet. Unter Kreativen wird die eigene Unorganisiertheit stolz als eine Art Ehrennadel präsentiert. Plan oder gar Projektmanagement gelten als Schimpfwörter. In Wirklichkeit sind Formen der Struktur jedoch elementarer Bestandteil des kreativen Prozesses. Struktur sorgt dafür, dass Impulse und Eingebungen eine Richtung bekommen. Künstler verkaufen sich am liebsten als wilde Nonkonformisten. Dabei wird übersehen, dass die erfolgreichen unter ihnen fabrikähnliche Ateliers betreiben, in denen Kunstwerke in organisierten Prozessen erstellt werden. Warhol ging sogar soweit, sein Atelier »Factory« zu nennen. Wir unterschätzen den Aufwand, den es bedarf, um aus einer Idee ein fertiges Produkt zu machen. Doch erst wenn wir diesen Aufwand auf uns nehmen, können wir etwas vorweisen.

WER STÄNDIG IN DEN
FLITTERWOCHEN IST,
KOMMT SONST ZU NICHTS.

Orson Welles wurde zeitlebens dafür kritisiert, zu viele Projekte zu beginnen und als Konsequenz zu wenige erfolgreich abzuschließen. Es hieß, er habe sein Talent vergeudet, da die Zuschauer viele seiner Werke nie zu sehen bekamen. Ideen zu entwickeln und mit neuen Gedanken zu spielen, verleiht vielen von uns eine Art *High*. Das Träumen in der frühen Ideenphase, erleben wir als kognitive Flitterwochen. Angestachelt von dem guten Gefühl, das wir beim Erdenken einer neuen Idee haben, desillusioniert der Schmerz der Umsetzung rasch. So laufen wir ständig Gefahr, uns zu schnell, in eine neue Idee zu verlieben und dafür alte links liegen zu lassen. Zu verlockend ist die Sehnsucht nach neuen Flitterwochen. Der Virtuose in uns ist gezwungen, aufzuwachen und den notwendigen Ehrgeiz aufzubringen, die erdachten Ideen auch umzusetzen. Tut er das nicht, so hinterlässt er ein Schlachtfeld an gestarteten Projekten. Was letztendlich für uns spricht, sind die Dinge, die wir fertiggestellt haben. Wir bewerten Menschen nicht danach, wie viele Ideen sie haben, sondern danach, was sie daraus machen.

»Ich wäre lieber etwas seltsam als gänzlich langweilig.«
— Rebecca McKinsey

Von einer Deadline geplagt, schloss Victor Hugo 1830 all seine Klamotten weg und machte sich daran, den Glöckner von Notre Dame zu schreiben. Nackt lief er nicht Gefahr, das Haus zu verlassen und konnte so gar nichts anderes tun als eben zu schreiben. Vladimir Nabokov schrieb am liebsten in einem geschlossenen Auto, Proust und Joyce am liebsten im Bett und Joseph Roth am liebsten auf Hotelzimmern. Schiller hatte stets einen Korb mit faulenden Äpfeln in einer Schublade seines Schreibtischs. Der Gestank inspirierte ihn. Kreativität ist immer auch etwas Individuelles und jeder von uns hat seine Eigenarten. Manch einem kommen gute Ideen bei Spaziergängen, anderen unter der Dusche und wieder anderen, wie Woody Allen, in der U-Bahn. Wir müssen lernen, unsere individuellen Stärken zu verstehen. Und sollten keine Angst davor haben, auch exzentrische Wege zu gehen, wenn sie unserem kreativen Schaffen letztendlich dienen.

UND NUN
WAS TUN?

- Muße aufbringen. Statt viele Projekte anzustoßen, die irgendwann versanden, lieber wenige wesentliche Projekte bis zum Ende führen. Vermeiden, sich während dieses Prozesses in neue Ideen zu verlieben. Den nötigen Ehrgeiz aufbringen, das Projekt so lange zu verbessern, bis es irgendwann wirklich gut ist.
- Auf Feedback pochen. Gezielt um Verbesserungsvorschläge bitten und sich nicht vom Lob anderer blenden lassen. Alles kann verbessert werden, nach entsprechendem Feedback fragen. Idealerweise einen Sparringspartner aufbauen, der das eigene Tun über eine längere Zeit verfolgt.
- Die richtigen Leute dazu holen. Verstehen, wie unterschiedliche Hintergründe kreative Prozesse weiterbringen können. Entsprechend darauf bestehen, dass Heterogenität eine wesentliche Rolle in der Zusammenstellung von Gruppen spielt.

- Auch bei Feedback auf Heterogenität achten. Feedback für die eigenen Projekte ebenso aus unterschiedlichsten Blickwinkeln einsammeln.
- Eigene Prozesse entwickeln. Sich von der Idee befreien, dass kreative Ergebnisse einfach aus dem Chaos entstehen. Abläufe entwickeln, die den eigenen Vorlieben entsprechen. Wenn diese in unserer Arbeitswelt nicht abbildbar sind, das Gespräch suchen, um dies zu ändern.

VIELEN DANK FÜR
DIE AUFMERKSAMKEIT ...

... UND VIEL ERFOLG
MIT DEM EIGENEN KREATIVCODE.

ANMERKUNGEN UND LITERATUR

Wir haben in diesem Buch bewusst keine akademischen Floskeln benutzt und die Definition davon, was Kreativität genau ist, sehr knapp gehalten. Auch richtet sich dieses Buch weniger an den professionellen Künstler oder Kreativitätsforscher. Vielmehr haben wir auf Basis vielfältiger Anfragen den »kreativen Laien« adressiert, um allen, die das Thema interessiert, einen einfachen Einstieg zu ermöglichen. Wer tiefer in den definitorischen Dschungel der Kreativität vordringen möchte, dem sei Runcos »Creativity« als wunderbar kurzweiliges Lehrbuch ans Herz gelegt.

K WIE KÜNSTLER

Das Readymade ist eine Kunstform, die im Kontext des Dadaismus entstanden ist. Alltagsgegenstände wurden durch Präsentation oder Rekombination zu Kunstwerken erklärt. | MacKenzie, G. (1996). Orbiting the Giant Hairball: A Corporate Fool's Guide to Surviving with Grace. Shawnee Missions, KS. | Ashby, W.R. (1956). An introduction to Cybernetics. Wiley, New York.

R WIE REBELL

Studien zu »Escalating Commitment«: Sleesman, D.J.; Conlon, D.E.; McNamara, G.; Miles, J.E. (2012). Cleaning Up the Big Muddy: A Meta-Analytic Review of the Determinants of Escalation of Commitment. Academy of Management Journal 55: 541–562.; Grant, A. (2013). Give and Take: A Revolutionary Approach to Success. Orion Publishing Group. | Peters, T., Waterman, H. (1982). In Search of Excellence. HarperCollins. | Arden, P. (2003). It's Not How Good You Are, It's How Good You Want To Be. Phaidon, London. | Studie über Büroausstattung: Dul, J. (2013): Employee Creativity: The Interaction between the Physical Environment and Job Autonomy. Euram Conference Proceedings, Istanbul. | Camus Zitat übersetzt von »Those who lack courage will always find a philosophy to justify it.« Aus: Esar, E. (1968). 20,000 Quips & Quotes: A Treasury of Witty Remarks, Comic Proverbs, Wisecracks and Epigrams. Doubleday. | Siehe zu Rollenspielen: de Bono, E. (1999). Six Thinking Hats. Back Bay Books | Studie zur inneren Uhr: Wieth, M.B.; Zacks, R.T. (2011). Time of day effects on problem solving: When the non-optimal is optimal. Thinking and Reasoning 17(4): 387–401.

E WIE ENTHUSIAST

Studie zu Reisen und Kreativität: Maddux, W.W.; Galinsky, A.D. (2009). Cultural Borders and Mental Barriers: The Relationship Between Living Abroad and Creativity. Journal of Personality and Social Psychology, Vol. 96(5): 1047-1061. | Studie zu Modedesignern, Kreativität und andere Kulturen: Godart, F.C. (2012). A Flair for Fashion: Professional Multicultural Experience and Creative Performance. Acad. Manage. Proc. | Leonhard, R. (2002). Macht hat, wer reden kann. Hanser. | Studie zu Laufen und Kreativität: Oppezzo, M.; Schwartz, D.L. (2014). Give Your Ideas Some Legs: The Positive Effect of Walking on Creative Thinking. Journal of Experimental Psychology: Learning, Memory and Cognition. Advance online publication. | Studien zu sozialem Kontext: Haslam, S.A., Adarves-Yorno, I., Postmes, T. (2014). Creativity is Collective. Scientifc American Mind, July/August.

A WIE ASKET

Siehe zu Ressourcenknappheit auch: Keupp, M.M.; Gassmann, O. (2013). Resource constraints as triggers of radical innovation: Longitudinal evidence from the manufacturing sector. Research Policy Vol. 42(8): 1457-1468. | Ralph Waldo Emerson Zitat wurde übersetzt von »We ascribe beauty to that which is simple; which has no superfluous parts; which exactly answers its end.« Gefunden in: Emerson, R.W. (1841). Essays and Lectures: (Nature: Addresses and Lectures, Essays: First and Second Series, Representative Men, English Traits, and The Conduct of Life). | Kafka Zitat »Du brauchst Dein Zimmer nicht zu verlassen, bleib einfach an Deinem Tisch sitzen und horche. Du brauchst nicht einmal zu horchen, warte einfach. Du brauchst nicht einmal zu warten, werde einfach still - und die Welt wird sich Dir offenbaren; sie hat gar keine andere Wahl.« Wir haben das Zitat in Miek Pot »In der Stille hörst du dich selbst: Meine 12 Jahre in einem Schweigekloster«, Lübbe gefunden. Es taucht auch oft im Internet auf, nur leider nie in einer Originalquelle von Kafka. Wir gehen daher davon aus, dass es Kafka zugeschrieben wurde. | Studie zu Ressourcenknappheit: Amabile, T.M., Hadley, C.N., Kramer, S.J. (2002). Creativity Under the Gun. Hardvard Business Review, 80(8): 52-61. Der Ausspruch »Ornament ist Verbrechen« stammt aus dem 1913 von Adolf Loos veröffentlichten Text »Ornament und Verbrechen«.

T WIE TRÄUMER

Zu Helligkeit und Kreativität: Steidle, A.; Werth, L. (2013). Freedom from constraints: Darkness and dim illumination promote creativity. Journal of Environmental Psychology, Vol. 35, pp. 67–80. | Zu Deckenhöhe und Kreativität: Meyers-Levy, J.; Zhu, R. (2007). The Influence of Ceiling Height: The Effect of Priming on the Type of Processing That People Use. Journal of Consumer Research, Vol. 34. | Zum Thema Ideen für später aufheben sei empfohlen: Belsky, S. (2010). Making Ideas Happen: Overcoming the Obstacles Between Vision & Reality. Portfolio/Penguin. | Studie zum Thema Crowdsourcing und darüber, dass Menschen aus verwandten Wissengebieten bessere Ergebnisse liefern: Jeppesen, L.B.; Lakhani, K.R. (2010). Marginality and Problem-Solving Effectiveness in Broadcast Search. Organization Science, 21(5): 1016–1033. | Studie zur Raumfarbe: Mehta, R., Zhu, R. (2009). Blue or Red? Exploring the Effect of Color on Cognitive Task Performances. Science 323(5918), 1226–1229. | Studie zu Schlafentzug und Kreativität: Horne, J.A. (1988). Sleep Loss and »Divergent« Thinking Ability. Sleep 11(6): 528–536.

I WIE IMITATOR

Das Bild »Alles ist eine Kopie« ist eine Kopie eines Bildes, das online zu finden ist und sich auf ein Zitat aus dem Film »Fight Club« bezieht. Man kann es einfach finden, indem man »Everything is a copy« in eine Suchmaschine eingibt. Mehr zu dem Thema Remix in der Videoserie »Everything is a Remix«, zu erreichen unter http://everythingisaremix.info und bei Lessig, L. (2009). Remix: Making Art and Commerce Thrive in the Hybrid Economy. Penguin Books. | Das Bild zu Metaphern zeigt drei Läufer (einen Teppich, einen Jogger und eine Schachfigur). Das Wort »Läufer« hat in der deutschen Sprache 24 Bedeutungen und damit mehr als jedes andere Wort. | Steinbeck-Zitat übersetzt von: »Ideas are like rabbits. You get a couple and learn how to handle them, and pretty soon you have a dozen.« Gefunden in McDonald, S.; Salomone, W. (2011). The Writer‘s Response. Cengage Learning.

V WIE VIRTUOSE

Die Beispiele zu dem »Konkurrenz belebt das Geschäft«-Text stammen aus: John-Steiner, V. (1997). Notebooks of the mind. Oxford: Oxford University Press. Hier kann man mehr zu dem Thema finden. | Das Rebecca-McKinsey-Zitat wurde übersetzt von »I'd rather be a little weird than all boring.« Gefunden auf goodreads.com | Zu den merkwürdigen Praktiven einiger Autoren findet sich mehr bei: Johnson, C.B. (2013). Odd Type Writers: From Joyce and Dickens to Wharton and Welty, the Obsessive Habits and Quirky Techniques of Great Authors. Perigee, Penguin | Studie über Schachspieler und Zeit: Simon, H.A., Chase, W. (1973). Skill in chess. American Scientist 61: 394–403 | Das Malcom-Gladwell-Buch, das Bezug nimmt auf die 10.000-Stunden-Regel: Gladwell, M. (2008): Outliers: The Story of Success. Little, Brown and Company.

DANK

An diesem Buch haben wir deutlich länger gearbeitet als wir ursprünglich angenommen haben. Auf diesem langen Weg hat uns eine ganze Reihe an Leuten unterstützt. Ohne diese Hilfe wäre das Buch heute nicht so, wie es geworden ist. Als erstes ist da der Hanser Verlag zu nennen: Lisa Hoffmann-Bäuml hat uns auch bei diesem Projekt zur Seite gestanden, Thomas Gerhardy hat sich um alle produktionstechnischen Angelegenheiten gekümmert. Zudem haben wir ein paar hilfsbereite Menschen finden können, die frühere Versionen dieses Buches gelesen und zu recht kritisiert haben: Karina Preiss, Alexander Uhlig, Kaja Scheliga, Malte Jung und Katrin Tripps. Lukas Kerecz hat uns Constanze Feige vorgestellt und Constanze hat großartigen Illustrationen produziert, ohne die dieses Buch deutlich schnöder geworden wäre. Allen sei hiermit ein herzliches Dankeschön ausgesprochen.

ÜBER DIE AUTOREN

SASCHA FRIESIKE

ist aktuell Professor für Betriebswirtschaftslehre an der Universität Würzburg und forscht zudem am Alexander von Humboldt Institut für Internet und Gesellschaft in Berlin. Er beschäftigt sich in erster Linie mit der Frage, wie Neues entsteht.

OLIVER GASSMANN

ist Professor für Technologie- und Innovationsmanagement an der Universität St. Gallen und Vorsitzender der Direktion des dortigen Instituts für Technologiemanagement. Er ist ein Experte des Denk- und Werkplatzes Schweiz und berät zahlreiche europäische Unternehmen in Innovationsstrategie.

ILLUSTRATIONEN

Constanze Feige zog vor fünf Jahren aus dem Norden Deutschlands in ihre heutige Wahlheimat Berlin. Seitdem ist die studierte Kommunikationsdesignerin als freiberufliche Illustratorin für Agenturen und Magazine tätig.